Musikgeschichte
compact

Grundwissen und Beispiele

Teil 1: Von den Anfängen bis zur Bachzeit
von Heinz-Christian Schaper

T0084389

SCHOTT

Mainz · London · Madrid · New York · Paris · Tokyo · Toronto

Bestellnummer: ED 7937

© 1993 Schott Musik International, Mainz
Printed in Germany · BSS 47392
ISBN 3-7957-2381-7

Umschlaggrafik:
Nürnberg, 16. Jahrhundert, aus dem "Schembartbuch", fol. 66ʳ- 67ᵛ:
Mit frdl. Genehmigung des Germanischen Nationalmuseums, Nürnberg (Sign. Bibl. Hs. 5664)

3. Auflage

Inhalt

III
Zur Musik des Barock

Anhang

Vorwort

Musikgeschichte compact faßt in zwei Bänden die historische Entwicklung der Musik unseres mitteleuropäischen Raumes zusammen und ergänzt damit die *compact*-Taschenbuchreihe um eine wichtige Dimension. Die Bücher sind jedoch völlig selbständig und können überall eingesetzt werden, wo es nicht auf die Nachschlagemöglichkeit von kleineren Details, sondern auf den Überblick ankommt. Durch die enge Verbindung von Darstellung, Beispiel und Kommentar ist eine Informationsdichte erreicht, die auch für das autodidaktische Studium eine hinreichende Grundlage darstellt. Zugleich wird – entsprechend dem Prinzip dieser Reihe – in jedem Abschnitt der Anschluß nach allen Seiten zur beliebigen Ausweitung eröffnet. Eine erste Anregung dazu geben die „Übungen". Durch umfangreiche Ergänzungen im Anhang wird der schnelle Zugriff, besonders aber auch die Motivation zu vertiefender eigener Beschäftigung mit musikhistorischen Themen noch gefördert.

Der vorliegende Teil I beschäftigt sich mit der Musik in Mitteleuropa von den Anfängen bis etwa zur Mitte des 18. Jahrhunderts. Der daran anschließende Teil II führt in gleicher Weise weiter bis in unsere Zeit.

Einführung in das Studienangebot

Das informative Nachzeichnen einer historischen Entwicklung ist ein sehr komplexes Unterfangen, für das ein Taschenbuch wenig geeignet scheint. In *Musikgeschichte compact* ist ein Weg aufgezeigt, der die Anforderungen, die an ein Lehrbuch zu stellen sind und die Erwartungen der Adressaten dieser Buchreihe miteinander verbindet.

Der Teil I enthält als zentrales Angebot die Abschnitte **Frühe einstimmige Musik, Mittelalterliche Mehrstimmigkeit** und **Musik der Renaissance** und **Zur Musik des Barock.** Sie sind unterteilt in 14 Kapitel mit gleichbleibender Struktur; *Grundtext, Notenzitat* und *kommentierende Legende* wechseln sich ab. Diese Elemente sind nicht nur sinnfällig aufeinander bezogen, sondern so abgefaßt bzw. ausgewählt, daß sie zur Erweiterung der Studien motivieren. Dazu dienen auch die nach jedem Kapitel vorgeschlagenen *Übungen.* Diese Bezeichnung wurde gewählt für erste Vorschläge, wie Sie sich mit der jeweiligen Thematik weiter beschäftigen könnten. Dabei sind Wiederholungen vermieden; es versteht sich in vielen Fällen von selbst, daß Sie einmal erprobte zusätzliche Studien in einem anderen Zusammenhang sinngemäß wiederaufnehmen können. Es gibt aber auch Ausnahmen. So geht es z. B. bei den vorgeschlagenen *Generalbaß-Übungen* um das Erarbeiten von handwerklichen Fähigkeiten, die für eine ganze Epoche von großer Bedeutung sind.

Die Kapitel sind in sich abgeschlossen, lassen aber die fortlaufende Entwicklung klar erkennen. Zur weiteren Absicherung dienen etwas ausführlichere Betrachtungen *(Einführung, Exkurse).*

Einen Schwerpunkt für die Steuerung bilden in beiden Teilen die Überlegungen zum sich ständig wandelnden Tonsatz. Das bestimmt auch die Auswahl der Zitate und die Form der Kommentare dazu. Die Notenbeispiele selbst können sich auf wenige Takte beschränken, weil es hier um Satzstrukturen und nicht um bestimmte Stücke geht. Die Schreibweise ist so eingerichtet, daß die Beispiele ohne Schwierigkeiten gelesen und gespielt werden können; die graphisch exakte Reproduktion der Originale ist nur in bestimmten Fällen zur Demonstration beibehalten.

Als räumliche Begrenzung ist das mittlere Europa gewählt. Neben Deutschland kommen vor allem Frankreich, Italien, die Niederlande und England zur Sprache. Die Beschäftigung mit gleichzeitig auftretenden Meistern in anderen Ländern sollte für Sie zu den Ausweitungen zählen, zu denen unsere Darstellungen anregen möchten.

Der zeitliche Rahmen umfaßt – von der Einleitung abgesehen – im Teil I die Entwicklung von der frühen christlichen Musik bis zum Stilwandel um die Mitte des 18. Jahrhunderts, also einen Zeitraum, in dem auch die gesellschaftlichen Situationen von bedeutenden Wechseln geprägt sind.

Es ist ratsam, häufig in den *Registern im Anhang* nachzuschlagen; zur Entlastung des Haupttextes wurden längst nicht alle denkbaren Verweisungen notiert.

Der Quellennachweis stellt zugleich eine Auswahl musikgeschichtlicher Lehrwerke dar. Sie erhebt keinen Anspruch auf Vollständigkeit und kann beliebig ergänzt werden.

Im Teil II werden die wesentlichen Entwicklungslinien weitergeführt. Dabei wird dem immer größeren Gewicht der individuellen Verarbeitung von Musik Rechnung getragen, ohne das Prinzip der „verbundenen Information" aufzugeben. Auf *Anschlüsse* wird ggf. am Schluß der Kapitel in Teil I bereits hingewiesen.

Einführung:
Anfänge abendländischer Musik

> *Geschichte reicht so weit zurück wie sprachliche Über-*
> *lieferung [...] Geschichte ist nur, wo auch ein Wissen*
> *von Geschichte, wo Überlieferung, Dokumentation, Be-*
> *wußtsein der Herkunft und des gegenwärtigen Gesche-*
> *hens ist [...]. Geschichte ist die jeweils für den Menschen*
> *helle Vergangenheit, der Raum für Aneignung von Ver-*
> *gangenem ...*
> (Carl Jaspers, *Vom Ursprung und Ziel der Geschichte*,
> 1949)

Sinngemäß auf die Musikentwicklung des Abendlandes übertragen, könnte eine Musikgeschichte demnach strenggenommen erst mit dem Zeitpunkt einsetzen, von wo ab eine allgemein verwendete, heute noch jeden Zweifel über die Art der Ausführung ausschließende Notierungsweise eine gültige Rekonstruktion einer Musik möglich macht – also etwa zu Beginn des zweiten Jahrtausends. Nun sind aber Zeugnisse früherer Musik in großer Zahl erhalten; und wenn sie auch keine genaue Vorstellung vom Klang vermitteln können, so belegen sie doch eine Fülle musikalischer Ausdrucksmittel und lassen Vermutungen zur musikalischen Aufführungspraxis zu.

Ein erster großer Bereich für den Versuch einer Einordnung früher Funde und Berichte ergibt sich aus der Annahme der These, daß für die Menschen der damaligen Zeit die Musik mystischen Ursprungs gewesen sei. Solchen Gedanken ist um so leichter zu folgen, weil sie sich durch ein Studium der Erlebniswelt von heute noch in einem frühen Entwicklungsstadium lebenden Naturvölkern bestätigen lassen. Die großen Fortschritte, wie etwa der Gebrauch von Werkzeugen und die Verwendung von Feuer, sind Nachweise für das logische Denken. Damit eröffnet sich aber auch das Nachsinnen über die Stellung des Menschen in seiner Umwelt und über sein Verhältnis zu den geistigen Mächten. Musik ist ein Zaubermittel, das auf magische Weise die Verbindung zu den Göttern herstellt. – In diesen Zusammenhang gehören z.B. die Höhlenmalereien von Lascaux (um 13 600 v. Chr.) oder die immer paarweise in nordischen Mooren gefundenen, aus Bronze gegossenen Luren (zwischen 1100 und 500 v. Chr.); aber auch noch in den Heldenepen um 1000 n. Chr., etwa in der Völsungen-Saga, werden z.B. der Harfe magische Kräfte zugesprochen.

Eine europäische Geschichte wird immer auch auf Wurzeln stoßen, die aus dem vorderen Orient stammen. Unter den Zeugnissen für die hohe Kultur der alten Völker im Zweistromland zwischen Euphrat und Tigris, in den Reichen der ägyptischen Pharaonen, Jahrtausende vor der Zeitenwende, oder in Palästina (1700 v. Chr. bis 70 n. Chr.) finden sich als Beschreibungen, Abbildungen und besonders auch als Grabbeigaben viele Nachweise für das Vorhandensein regen musikalischen Lebens. Sie zeigen allerdings nahezu ausschließlich die Entfaltung einer Musik in Tempeln und Königshöfen.

Neben den Chinesen haben auch die antiken Naturvölker nach der ursprünglichen Auffassung von Musik als magischem Ausdrucksmittel kosmologische Systeme entwickelt, in denen bestimmte Eigenschaften und Eigenarten der Musik (etwa Tonstufen und Intervalle) den erkennbaren oder vermuteten zahlenmäßigen Zusammenhängen ihres Weltbildes entsprachen. Bei den Griechen schließlich wird die Musik zunächst mit Dichtung und Tanz zu einer neuen Idee verbunden („Musikē"). Später zerfällt diese Einheit, und mit dem hohen Zeitalter der bildenden Kunst und mit fortschreitender Subjektivierung zieht auch in der Musik eine neue Epoche herauf. Während noch bei **Sophokles** (496–406 v. Chr.) die Musik in den großen Bühnenwerken allein der Handlung dient, ist sie bereits bei **Euripides** (484–406 v. Chr.) zunehmend Ausdruck von Stimmungen (vgl. S. 53). Friedrich Nietzsche erkannte im Apollinischen und Dionysischen zwei gegensätzliche, aber einander bedingende Prinzipe (*Die Geburt der Tragödie,* 1871).

Der Verfall der „Musikē", also die Verselbständigung der einzelnen Kunstarten, ist zugleich der Anfang der Musik in unserem heutigen Sinn. In die etwa ab 300 v. Chr. bis zum Ende des römischen Kaiserreichs zu rechnende Zeit des Hellenismus fallen die großen musikwissenschaftlichen und musiktheoretischen Ansätze. Sind noch die Pythagoreer (**Pythagoras** †485 v. Chr.) von der Richtigkeit ihrer mathematischen Denkweise überzeugt, so sieht **Aristoxenos von Tarent**

(* um 350 v. Chr.), ein Schüler von **Aristoteles** († 322), das Ohr als höchste Instanz an und verzichtet zugunsten einer qualitativen Klangbestimmung auf akustische Reinheit. **Philodemus von Gandara** (1. Jahrh. v. Chr.) trennt die Ethoslehre **Platons** (427–347 v. Chr.) von der Ästhetik, und der ebenfalls in diesem Jahrhundert lehrende Römer **Marcus Terentius Varro** reiht die Musik zusammen mit Arithmetik, Geometrie und Astronomie ins Quadrivium ein, also in den Kanon der verbindlichen Lehrgebiete, die für das ganze Mittelalter Gültigkeit haben.

(Anschluß: Harmonie, ein vieldeutiger Begriff, S. 53)

I Frühe einstimmige Musik

1 Gregorianik

Der für die Entwicklung der frühen christlichen Kirche bedeutsame Papst **Gregor der Große** (um 540 bis 604) ist auch Hauptträger der Bemühungen um die einheitliche Gottesdienstordnung. Im Bereich der Musik ist sein eigener Anteil nicht gesichert, doch sind seine Anregungen so entscheidend gewesen, daß die Formen des einstimmigen lateinischen Gesangs, die auf die Frühzeit der christlichen Liturgie zurückgehen, mit seinem Namen verbunden werden.

In dieser Musik wirken Einflüsse aus dem Mittelmeerraum und Musikvorstellungen der Spätantike nach. Das Vordringen des Christentums bringt die Begegnung mit europäischer Musik mit sich. Durch die enge Verbindung des Papsttums mit den fränkischen Kaisern wurde die Gregorianik zum ersten einheitlichen Musikstil in Europa.

Beispiel 1

Grundform eines Psalms

Dem Ansteigen der Stimme (Initium) folgt der Rezitationston, unterbrochen durch eine Mittelkadenz (Mediatio) und mündend in die Schlußkadenz (Finalis). Die Singweise ist **syllabisch** (= auf jede Silbe entfällt ein Ton; der Texttransport steht im Vordergrund). Beim Vortrag wechseln sich zwei Chöre oder Solist und Chor ab (zwei Chöre im Wechsel= **antiphonisch**, Solist und Chor im Wechsel= **responsorisch**). Die Psalmodie geht auf jüdische Vorbilder zurück.

Beispiel 2

Alleluja-Jubilus

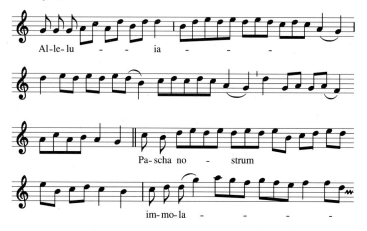

Al-le-lu - - ia - - -

Pa - scha no - strum

im - mo- la - - - - -

Während beim Psalm die Übermittlung des Textes wichtig ist und die musikalische Ausprägung demgegenüber zurücktritt, zeigt dieser Alleluja-Jubilus als anderes musikalisches Gestaltungsprinzip die **Melismatik** (= mehrere Töne auf eine Silbe). Die ausdrucksvolle Melodiebewegung wird entwickelt aus einem vielfältigen Verarbeiten von Grundelementen durch Variieren, Wiederholen, Sequenzieren und Erweitern. Die Ausführung ist responsorisch. Melismatik läßt besonders deutlich den Einfluß der Musik des Mittelmeerraumes und des vorderen Orients erkennen.

Beispiel 3

Hymnus

Chri- ste Re - demp- tor om-ni - um, Ex Pa-tre Pa-tris u - ni - ce

So - lus an - te prin- ci- pi - um Na-tus in - ef-fa - bi- li - ter.

Hier sind die Text- und Musikanteile in ein Gleichgewicht gebracht. Zwar steuert der Wortsinn noch längst nicht entscheidend die Melodieerfindung, doch kommt es zu klar gegliederten, deklamatorischen Wendungen in Anlehnung an die antiken Metren. Die syllabische Textverarbeitung wird immer wieder unterbrochen von Melismen. – Der Text löst sich in freier Sprache von der Bibel.

Die **Sequenz** ist eine ursprünglich melismatische Tonfolge, der nachträglich ein Text unterlegt wurde. Sie kann als nordische Reaktion auf den als wesensfremd empfundenen melismatischen Gesang angesehen werden.

Eine weitere wichtige Form ist der **Tropus**. Es handelt sich dabei um freie melismatisch-melodische oder textliche Erweiterungen. Gelegentlich wurden mit der Absicht der ausschmückenden oder verdeutlichenden Ergänzung auch Text u n d Melodie neu geschaffen.

Im Mittelpunkt steht die von Gregor entscheidend beeinflußte und im 11. Jahrhundert im wesentlichen abgeschlossene Meßordnung mit der fünfteiligen **Messe** als zentraler Form. Sie bildet mit **Kyrie, Gloria, Credo, Sanctus/Benedictus** und **Agnus Dei** das **Ordinarium**, das für das ganze Kirchenjahr gleich bleibt, während die Teile des **Propriums** nach dem Jahreskreis wechseln (di tempore). Für die Bezeichnung der Teile werden die Anfänge der Texte verwendet.

Das gilt auch für das **Requiem**, die Totenmesse; sie beginnt mit *Requiem aeternam dona eis, Domine*. Bei dieser Sonderform entfallen Gloria und Credo, andere Teile werden eingeschoben. – Beide Formen haben Komponisten aller Stilepochen immer wieder zu neuen Vertonungen angeregt.

Die Gregorianik verwendet sog. **Kirchentonarten**, die auf das griechische Tonsystem zurückgehen. Allerdings wurden manche Bezeichnungen abgeändert. Auch die Vorstellungen vom Ausdruckswert der Tonleitern haben ihre ursprüngliche Bedeutung weitgehend verloren.

Übersicht (heutige Einteilung):

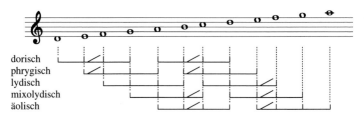

303 unter Diokletian letzte Christenverfolgung
313 Edikt von Mailand unter Konstantin – freie Religionsausübung, Christentum
    als Staatsreligion
hlg. Ambrosius († 397) – Hymnen
hlg. Augustinus († 430) – Auseinandersetzung mit dem melismatischen Alleluja-
    gesang der Ostkirche
Boethius († 524) ⎫
Flaccus Alkuin († 804) ⎬ Theoretiker
Guido von Arezzo († 1050) ⎭

Schulen (Schola cantorum):
Rom, Metz, St. Gallen, Limoges

Zur Notation der Gregorianik (auch: des Gregorianischen Chorals) vgl. Exkurs
„Zur Entwicklung der Notenschrift", S. 29.

Übungen

- Tragen Sie aus Ihnen zugänglichen Quellen zu den Namen und Begriffen weitere Einzelheiten zusammen.
- Untersuchen Sie Psalmen und andere gregorianische Gesänge.
- Spielen und singen Sie Kirchentonarten von anderen Anfangstönen als den in der Übersicht notierten aus.

2 Die Musik des Rittertums

Mit der Stabilisierung der weltlichen Macht durch Könige und Kaiser gegen Ende des ersten Jahrtausends entwickelte sich mit den Rittern ein bedeutender eigener Stand, der im 13. Jahrhundert seinen Höhepunkt erreichte und auch noch danach die Lebensformen mitbestimmte. Im Gegengewicht zur immer noch beherrschenden Stellung der Kirche entstand auch eine eigenständige Musik, zuerst in Frankreich. Nach sprachlichen Merkmalen wird unterschieden zwischen **Troubadours** (ab 1080, südlich der Loire) und **Trouvères** (um 1170, nördlich der Loire) als Träger dieser ritterlichen Kultur. Etwa 100 Jahre später begann in Deutschland die Zeit der **Minnesänger** als besondere Ausprägung ritterlich-höfischer Lyrik. Während jedoch in Frankreich der musikalische Vortrag von „Jongleuren" (lat. joculator) übernommen wurde, die auf diese Weise ein Bindeglied zwischen Troubadourkunst und Volksmusik bildeten, waren die Minnesänger zugleich Dichter und Sänger ihrer Lieder.

Beispiel 4

Troubadour-Lied

Lan - can vei la fo - lha los dels al - bres cha - zer, Cui que
No cre-zatz qu'eu vo - lha Flor ni fo - lha ve - zer, Car vas

pes ni do - lha, A me deu bo sa - ber.
me s'or-go - lha So qu'eu plus volh - a - ver. Cor ai que m'en

to - lha, Mas no'n ai ges po - der, C'a - des cuit m'a-

- co - - lha, On plus m'en dez - e - sper.

Dem Herbstlied *Lancan vei la folha* liegt die **Barform** zugrunde, die später bei den „Meistersingern" ausschließlich verwendet wird (vgl. S. 20). Sie besteht aus zwei **Stollen** und dem **Abgesang**. Während die Stollen musikalisch inhaltlich gleich sind, führt der Abgesang zunächst die melodische Linie weiter aus, kommt aber gegen Ende auf den Verlauf der Stollen zurück (grobes Schema: A–A–B–A).

Beispiel 5

Adam de la Halle, Trouvères-Lied

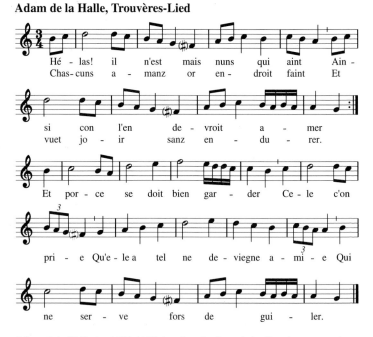

Adam de la Halle (ca. 1237–1286) ist schon der Spätzeit der Trouvères zuzuordnen, deren Kunst nach vielen bedeutenden Einzelleistungen schließlich zunehmend von bürgerlichen Sängervereinigungen übernommen und getragen wurde. Mit diesem Wechsel begann der Gedanke an Wettbewerbe Fuß zu fassen.

16

Beispiel 6

Walther von der Vogelweide, *Palästinalied*

Die Lieder der **Minnesänger** hatten meist die Liebe zu einer für sie unerreichbaren „hohen" Frau zum Gegenstand. Daneben gab es aber auch andere Themen. Dafür ist das *Palästinalied*, das 1228 zum Kreuzzug Friedrichs II. aufrief, ein Beispiel. Die Anlehnung an die Gregorianik wird hier durch die Art der Auszierungen deutlich. Spätere Lieder erinnern mehr an das Volkslied. – Die Minnesänger begleiteten sich selbst auf einer Fidel oder einer kleinen Harfe. Diese Begleitformen waren jedoch auf Stützen beschränkt; eigenständige „Stimmen" bildeten sie nicht.

Beispiel 7

Oswald von Wolkenstein, *Es fugt sich*

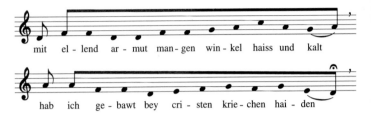

mit el - lend ar - mut man - gen win - kel haiss und kalt

hab ich ge - bawt bey cri - sten krie - chen hai - den

Mit **Oswald von Wolkenstein** (1377–1445) geht die Zeit der ritterlich-höfischen Kultur, für die nach dem Anwachsen der Städte immer mehr die soziale Grundlage fehlte, zu Ende. Sein Leben war außerordentlich reich an abenteuerlichen Begebenheiten. Davon berichtet er auch in den über hundert Zeilen dieses Liedes. (Die Notierung versucht, die syllabische, textorientierte Melodieführung anzudeuten.)

Troubadours
Graf Guilhem von Poitiers (1087–1127)
Raimbaut de Vaqueiras († 1207)
Bernart de Ventadorn († 1195)

Trouvères
König Richard I. (Löwenherz) von England († 1199)
Thibault IV., König von Navarra
Adam de la Halle (vgl. Beisp. 5)

Ein Zentrum der Trouvères im 13. Jahrhundert ist die Schule von Arras (Jean Bretal und Adam de la Halle).

Minnesänger
(ab etwa 1150 bis Oswald v. Wolkenstein, vgl. Beisp. 7)
der Kürenberger
Dietmar von Aist
Heinrich von Veldeke
Heinrich von Morungen
Walther von der Vogelweide
Wizlaw von Rügen
Neidhardt von Reuenthal
Tannhäuser
Heinrich von Meißen (Frauenlob) u.a.

Übungen

- Die Barform findet sich in vielen Beispielen vom Kinderlied *(Hänsel und Gretel)* über alte und neue Lieder *(All mein Gedanken, die ich hab)* bis zu der AABA-Form der Jazz-Standards *(I got-rhythm/*Gershwin) – überprüfen Sie Stücke aus den verschiedenen Bereichen.
- Die Musik der Ritter und der Minnesänger ist in vielen Schriften und Notenbüchern abgehandelt und dargestellt – machen Sie sich solche Werke zur weiteren Information und Vertiefung zugänglich.

3 Die Meistersinger

Mit dem Niedergang des Rittertums verlagerte sich das musikalische Leben immer mehr in die aufblühenden Städte und fand dort eine vielfältige Entwicklung. Eine besondere Ausprägung bildeten die **Meistersingerzünfte.** In den oft weitberühmten Singschulen trafen sich Sänger und Dichter, die neben ihrer handwerklichen Tätigkeit zunächst mit großem Eifer die Pflege der von den Minnesängern gesungenen Melodien ("Töne") übernahmen, bald aber dazu übergingen, eigene Lieder zu schaffen. Dabei hielten sie sich an strenge Regeln, die sie in der "Tabulatur" niederlegten. Vom Beherrschen und kunstvollen Anwenden dieser Regeln war der Rang des einzelnen Mitgliedes der Zunft abhängig. So gab es Schüler, Dichter, Sänger und Meister.

Das starre Festhalten an diesen Vorschriften, die nur wenig Freiraum für individuelle Gestaltungswünsche beließen, führte nach ihrer Blütezeit vom 14. bis 16. Jahrhundert zum Verfall der Meistersingerkunst.

Beispiel 8

Hans Sachs, *Die Silberweise*

| Sal | - | - | - | ve, | ich | grus | dich | scho - ne, |
| Al | - | - | - | ler | barm - her - | tzi - | kei - te, |

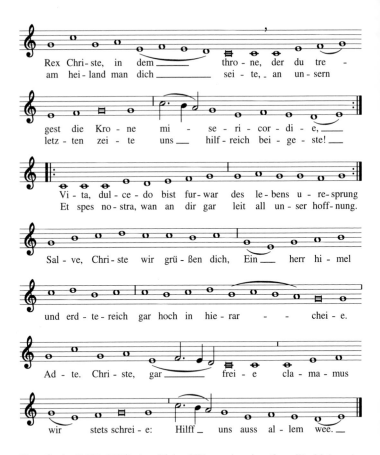

Rex Chri-ste, in dem thro-ne, der du tre -
am hei-land man dich sei-te, an un-sern

gest die Kro - ne mi - se - ri - cor - di - e,
letz-ten zei - te uns hilf-reich bei - ge - ste!

Vi - ta, dul-ce - do bist fur-war des le - bens u - re-sprung
Et spes no-stra, wan an dir gar leit all un-ser hoff-nung.

Sal - ve, Chri - ste wir grü-ßen dich, Ein herr hi - mel

und erd - te-reich gar hoch in hie-rar - - chei - e.

Ad - te. Chri - ste, gar frei - e cla - ma - mus

wir stets schrei - e: Hilff uns auss al - lem wee.

Hans Sachs (1494–1576), dem Richard Wagner in seiner Oper *Die Meistersinger von Nürnberg* ein bleibendes Denkmal gesetzt hat, gilt als der bedeutendste Vertreter dieser Dichter-Komponisten. Seine *Silberweise* aus dem Jahre 1512 zeigt wieder die von den Meistersingern streng beachtete Barform. In ihrer lateinisch-deutschen Mischpoesie ist sie eine Umformung des gregorianischen *Salve Regina.* Von hier aus ist es nur ein Schritt zu Luthers *Ein feste Burg* oder *Vom Himmel hoch* und zu anderen Liedern der Reformationszeit.

Eine besondere Eigenart der Meistersingerlieder war die Verzierung durch Melismen (Koloraturen, sog. „Blumen"). Sie wurde oft so sehr übertrieben, daß die Melodien für unser Verständnis gekünstelt wirken.

Beispiel 9

Wolf Herolt, *Ach Herr mein Gott, nicht straf(f)e*

Dieses Lied von 1572 zeigt deutlich die Auszierung einer im Kern schlichten Weise.

Wenn auch die Zeit über sie hinwegging, so blieben doch manche Singschulen über Jahrhunderte bestehen. Die letzte schloß 1839 in Ulm.

Übungen

- Richard Wagner macht in seiner Oper *Die Meistersinger von Nürnberg* seine Auffassung von der künstlerischen Freiheit gegenüber dem Erfüllen von Regeln und Vorschriften deutlich – analysieren Sie unter diesem Aspekt den Text des Hans Sachs *Was duftet doch der Flieder* („Fliedermonolog").
- Überprüfen Sie den formalen Grundriß von Walters „Preislied".
- Versuchen Sie das Auszieren einfacher Melodien.

4 Spielleute und Vaganten

Vom Leben und Treiben der bunten Schar der mittelalterlichen **Spielleute** gibt es viele Zeugnisse. Ihr Wirken dürfen wir uns in großer Breite vorstellen – einschließlich aller Kunststücke, die zur allgemeinen Unterhaltung dienen mochten. Sie waren unentbehrlich bei den Festen in Städten und Dörfern. Ihr gesellschaftlicher Status allerdings war meist sehr gering. Vielerorts durften sie keine Kirchen betreten, und nachts wurde ihnen ein Platz innerhalb der Stadtmauern verwehrt. Damit sie sich den mancherlei musikalischen Erfordernissen anpassen konnten, standen ihnen viele einfache Instrumente mit unterschiedlichem Klang zur Verfügung, die z. T. auch mit den von den Kreuzzügen Zurückkehrenden in unseren mitteleuropäischen Raum gekommen waren.

Ebenfalls zu nennen sind die sog. **Vaganten**, fahrende Gesellen, die auch lateinisch sprechen konnten und lieber frei umherzogen, als sich an Ämter zu binden.

Ein Mönch aus Kaufbeuren sammelte um 1200 ihre Gesänge, die von Carl Orff in seinen *Carmina burana* verarbeitet wurden.

Die Rekonstruktion der in der Regel mündlich weitergegebenen, sicherlich zahlreichen und vielgestaltigen Musik aus dieser Zeit ist schwierig – niemand hatte ein Interesse an ihrer Bewahrung. Besonders überzeugend sind in unsere Notierungsweise übertragene Tanzstücke.

Beispiel 10

Musik der Spielleute/Form und Erfindung (1)

Mit „*Punkt*" wird ein kleiner Melodie-Abschnitt bezeichnet. Die „*Rotta*" ist ein schneller Nachtanz, der zu einem Punkt gehört. Die Notierung zeigt, daß die Urmelodie bei Punkt und Rotta gleich ist und in beiden Fällen die Melodieerfindung steuert.

Beispiel 11

Musik der Spielleute/Form und Erfindung (2)

23

Dieses einem Manuskript aus Frankreich entnommene Stück hat folgenden Ablauf:

Melodie 1 – Ouvert – Melodie 1 – Clos;
Melodie 2 – Ouvert – Melodie 2 – Clos;   usw.

Die Urschriften enthalten auch Symbole für Tanzschritte.

Die Melodien sind bis zum Anfang des 14. Jahrhunderts einstimmig, doch können sie mit Bordunen und rhythmischen Klängen ergänzt werden. Wichtig ist das Abwechseln der Instrumente und das Spiel in Oktaven, wohl auch in Quinten und Quarten (vgl. Organum, S. 34ff.).

Übungen

- Versuchen Sie, mit anderen gemeinsam und auf verschiedenen Instrumenten das Beispiel 11 in der angegebenen Weise zu spielen.
- Beschäftigen Sie sich aus musikgeschichtlicher Sicht mit *Carmina burana* von Carl Orff.
- Den mittelalterlichen Musikern stand ein reichhaltiges Instrumentarium zur Verfügung – forschen Sie nach.

5 Volkslied und Reformation

Die ältesten Zeugnisse von Liedern des Volkes sind erhaltene Texte oder Berichte. Als früheste Übertragung (von linienlos notierten *Neumen* vgl. S. 31) können **Leisen** gelten, bei denen der Gesang der Geistlichen mit *Kyrie eleison* beantwortet wurde. Die nächste Stufe waren selbständige deutsche Lieder, denen dieser Kehrreim angehängt war.

Kreuzzugs-, Bitt-, Oster- und Pilgergesänge; z. B. *In Gottes Namen fahren wir* und *Christ ist erstanden* aus dem 12. Jahrhundert. Erhalten sind auch Verdeutschungen alter Kirchenmelodien, wie *Ave maris stella = Meerstern, ich dich grüße*; *Veni creator = Komm Gott Schöpfer* u. a..

Andere Weisen erhielten sich durch das Unterlegen neuer (geistlicher) Texte. Diese sog. **Kontrafakturen** vergrößerten die Zahl der deutschsprachigen Lieder für den Gottesdienst – eine wichtige Forderung der Reformation.

Beispiel 12

Heinrich Isaac (ca. 1450–1517), *Innsbruck, ich muß dich lassen*

Inns - bruck, ich muß dich las - sen, ich fahr da-hin mein Stra - ßen in frem- de Land da - hin; mein Freud ist mir ge - nom - men, die ich __ weiß be - kom - men, wo ich im E -

Dieser Melodie wurden die neuen Texte *O Welt, ich muß dich lassen*, *O heilge Seelenspeise* und *Nun ruhen alle Wälder* unterlegt.

Die meisten Überlieferungen verdanken wir dem Umstand, daß die Melodien in mehrstimmigen Bearbeitungen als **Cantus firmus** (c. f. = feststehender Gesang) verwendet wurden.

Beispiel 13

Der Wald hat sich entlaubet
Satz aus dem Lochamer Liederbuch, um 1450

gen die - sem Win ter kalt, mein Freud bin ich be rau -

gen die - sem Win-ter kalt, mein Freud bin ich

gen die - sem Win-ter kalt, mein Freud bin ich be -

Das **Lochamer Liederbuch,** nach seinem ersten Besitzer Wolflein von Lochamer aus Nürnberg (um 1487) so benannt, ist zusammen mit dem **Schedelschen Liederbuch** (um 1460) und dem **Glogauer Liederbuch** (um 1480) eine Hauptquelle bei der Erforschung des bürgerlichen Musizierens in dieser Zeit.

Die Verwendung der deutschen Sprache im Gottesdienst der Reformation brachte entscheidende Impulse. Luther selbst stand zwar noch in enger Beziehung zur Gregorianik, aber er fand im „Zurechtsingen" älterer Vorlagen und in kräftigen eigenen Melodien die Möglichkeit des Brückenschlags.

Beispiel 14

Martin Luther, *Aus tiefer Not* **(1524)**

Aus tie-fer Not schrei ich zu dir, Herr Gott, er - hör mein Ru -
Dein gnä-dig Oh-ren kehr zu mir und mei-ner Bitt sie öf -

1. 2.

fen } denn so du willst das se - hen an, was Sünd und
-fen;}

Un- recht ist ge - tan, wer kann, Herr, vor dir blei - ben.

Martin Luther (1483–1546) hat für das erste Gesangbuch 1524 als Dichter und Melodieerfinder Entscheidendes beigesteuert. Neben den freien eigenen Beiträgen stehen Umarbeitungen älterer Texte und Melodien. – Beispiel 14 ist die Umdichtung des Psalms 130 mit der von Luther geschaffenen Melodie.

Die beiden Blütezeiten des deutschen Volksliedes – im späten Mittelalter und in der Zeit des Sturm und Drang und der Romantik – haben zu ganz unterschiedlichen Ergebnissen geführt. Während das Lied des 14. und 15. Jahrhunderts neben Quarten und Quinten die Sekundschritte bevorzugt und mit dieser linearen Struktur die polyphone Setzweise herausfordert, ist das neuere Volkslied deutlich an harmonischen Zugzwängen orientiert. Auch in bezug auf die Tonarten, die rhythmischen Fassungen und den Anteil an ausdrucksstarken melismatischen Melodieführungen weist das ältere Lied den weitaus größeren Reichtum auf.

Übungen

- Die genannten Liederbücher sind verfügbar – gehen Sie die Sammlungen durch.
- Schlagen Sie Luthers Lieder und Gesänge nach und versuchen Sie, Umarbeitungen und eigene Beiträge zu unterscheiden.
- Stellen Sie Beispiele alter und neuer Volkslieder gegenüber.

Exkurs:
Zur Entwicklung der Notenschrift

Die neueren Forschungen neigen dazu, die graphischen Hilfen in der oströmischen Kirche als Ausgangspunkt der Entwicklung unserer Notenschrift anzunehmen. Man unterscheidet nach den beiden Grundarten der byzantinischen Kirchenmusik die **Lektionsschrift** und die **Gesangsschrift**. Die Lektionsschrift (ekphonetische Notation) hat sich vermutlich seit dem 5. Jahrhundert herausgebildet; vom 9. bis zum 15. Jahrhundert ist sie in zahlreichen Handschriften überliefert. Sie deutet Lektionsformeln für die feierliche Lesung der gottesdienstlichen Texte an. Ihre Zeichen sind **Neumen** (griech. το νεῦμα = der Wink). Die Entwicklung der Gesangsschrift hat sich in mehreren Perioden bis ins 19. Jahrhundert hinein entwickelt. 1818 wurde sie vom Archimandriten **Chrysanthos von Madytos** in einer vereinfachten Form festgelegt, die heute noch Verwendung findet.

Die stenographischen Symbole der byzantinischen Kirchengesänge sind – wie die lateinischen Neumen des Gregorianischen Gesangs – danach zu unterteilen, ob sie die Intervalle nur andeuten (= adiastematisch) oder genau angeben (= diastematisch).

Auch die Notierung des römischen Kirchengesangs geschah zunächst in Neumen. Sie dienten vor allem als Gedächtnisstütze, während die Gesänge selbst mündlich weitergegeben wurden. Die graphische Ausführung der Neumen war in den Regionen und Schulen unterschiedlich (vgl. Darst.1). Die Symbole waren weitgehend adiastematisch in horizontaler Schreibweise, doch zeigen sich Bemühungen um größere Genauigkeit in Handschriften, bei denen die Zeichen dem Verlauf der Melodie entsprechend höher oder tiefer über bzw. unter den Text gesetzt wurden. Erst mit der Notierung in einem Liniensystem (**Guido von Arezzo**, † 1050) war die präzise Angabe der Tonhöhe möglich.

Mit der **römischen Choralnotation**, die um 1200 entstand, und die wegen ihrer charakteristischen Zeichen auch **Quadratnotation** genannt wird, zeigt sich die Grundform der abendländischen Notenschrift (Darst. 2). Die weiteren Entwicklungsstufen befassen sich vor allem mit der Fixierung der zeitlichen Abläufe. Das wurde erforderlich durch die immer größere Zahl von gemeinsam musizierenden verschiedenen Stimmen. So löste nach der **Modalnotation**, die für bestimmte rhythmische Modelle recht genaue Zeichen fand, im 13. Jahrhundert die **Mensuralnotation** prinzipiell das Problem, indem sie die Dauer der Töne durch die äußere Form der Einzelnoten erkennbar machte. Hier zeigten sich in der ersten Hälfte des 14. Jahrhunderts noch große Unterschiede bei den französischen und italienischen Auffassungen. Die voneinander abweichenden Schreibweisen mündeten jedoch nach der Einführung der sog. weißen Mensuralnotation im 15. Jahrhundert, bei der die Notenköpfe „hohl" sind, in eine allgemein gültige Notierungsart, die schließlich in die moderne Notation mit der Viertelnote als häufigster Zähleinheit überging. Dabei führte der sich nach 1500 schnell verbreitende Notendruck zu Stilisierungen. Ab etwa 1600 wurden – entsprechend dem inzwischen deutlich herausgebildeten Gefühl für taktabhängige Abläufe – Taktstriche gesetzt und zunehmend dynamische Zeichen eingetragen.

Darstellung 1

Die wichtigsten Neumen im Vergleich der Schulen

	ST. GALLEN	METZ	CHARTRES	LIMOGES	NONANTOLA	HEUTIGE NOTATION
PUNCTUM						
VIRGA						
PES oder PODATUS						
CLIVIS						
TORCULUS						
PORRECTUS						
SCANDICUS						
CLIMACUS						
ORISCUS						
TRIGON						
QUILISMA						
EPIPHONUS						
CEPHALICUS						

Aus: *Bildatlas der Musikgeschichte.* Deutsche Ausgabe von Hans Schnoor, S. 49
© Gütersloher Verlagshaus Gerd Mohn, Gütersloh 1963

Darstellung 2

Beispiel für römische Choralnotation

Offertorium vom 24. Sonntag im Jahreskreis. Obere Neumen: Metzer Notation
(Laon)/ untere Neumen: St. Galler Notation.

Aus: *Graduale Triplex*, S. 338
© Abbaye Saint-Pierre de Solosmes & Desclée, Paris-Tournai 1979

Übungen

- Von den Musiktheorien um 1000 sind besonders die durch **Guido von Arezzo** geschaffenen Neuerungen für die weitere Entwicklung der abendländischen Musik von großer Bedeutung – suchen Sie recht viel zu erfahren, z. B. über die „Guidonische Hand" (Vorstufe der Solmisation).
- Auch die Übertragung der gregorianischen Gesänge aus der Choralnotation in unsere moderne Schreibweise wird in einschlägigen Büchern zur Notationskunde erläutert – versuchen Sie sich darin.
- Überprüfen Sie in Liedern, Chorsätzen usw. die Einführung der Taktstriche (ab wann?; original?).

II Mittelalterliche Mehrstimmigkeit und Musik der Renaissance

6 Das Organum

Die Entfaltung der Mehrstimmigkeit bis hin zur Akkordik ist eine der eigenständigsten Leistungen abendländischen Geistes. Sie zog sich durch das ganze Mittelalter und wurde schließlich zum beherrschenden Grundgedanken unserer Musik.

Für die Ursprünge gibt es mehrere Theorien, so z. B. den Hinweis auf germanisches Klangempfinden – belegt durch die Funde von immer paarweise einander zugeordneten Luren – gegenüber dem Liniendenken in der Musik des Mittelmeerraumes. Auch antike Vorbilder werden vermutet.

Der klar erkennbare Weg beginnt mit dem **Organum** (lat. Werkzeug). Die Anfänge um etwa 900 sind in mehreren Traktaten überliefert. Wichtigste Quelle ist die *Musica enchiriadis*, die früher **Hucbald von St. Amand** zugeschrieben wurde († 930). Sie enthält mit Erläuterungen des Quint- und Quartorganums die frühesten Zeugnisse.

Beispiel 15

Quintorganum

Sit glo-ri-a do-mi-ni in sae-cu-la

Bezeichnend sind die Parallelen in mehreren Oktavlagen.

Beispiel 16

Quartorganum

vox principalis

Rex coe - li   do - mi - ne   ma - ris   un - di - so - nis.
vox organalis

Für das Quartorganum bestehen Satzregeln. So bleibt die im Einklang mit dem c. f. beginnende Begleitstimme liegen, bis die Quarte erreicht ist. Dann schließen sich Quartparallelen an. Der Schluß ist wieder im Einklang auszuführen. – Die Begleitstimme erhielt nach und nach immer mehr Bewegungsfreiheit.

Eine weitere Stufe war das **melismatische Organum**, bei dem über lang ausgedehnten Tönen einer gregorianischen Melodie sich eine Gegenstimme in freiem Rhythmus bewegte.

Beispiel 17

a) Gregorianisches Kyrie
b) Freies Organum
c) Melismatisches Organum

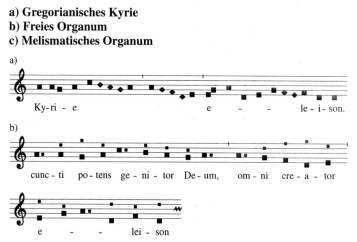

a)

Ky-ri - e   e   –   le - i- son.

b)

cunc - ti   po - tens   ge - ni - tor   De - um,   om - ni   cre - a - tor

e   –   lei - son

Das Kyrie wird zum Cantus firmus, dem Note für Note als „vox organalis" ein Ton gegenübergestellt wird; hier allerdings schon in der erweiterten, freien Form, die sich nicht auf Parallelen beschränkt, sondern Gegenbewegung bevorzugt.

c)

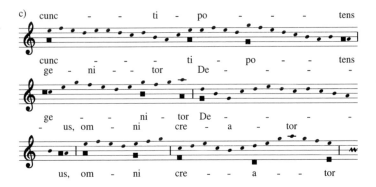

Die Töne des c.f. werden sehr lang gezogen, um der frei schwingenden melismatischen Paraphrasierung Raum zu geben. Der Text wird im c. f. syllabisch, in der Gegenstimme melismatisch verarbeitet.

Neben der durch eigenständiges Gestalten mehrerer Linien erreichten Mehrstimmigkeit fand im **Fauxbourdon** (ital. falso bordone, span. fabordon)[1] die Parallelführung des frühen Organums eine Fortsetzung. Die seit der ersten Hälfte des 15. Jahrhunderts nachgewiesene Satztechnik, von der angenommen werden kann, daß sie in England schon früher bekannt war und auch in Improvisationen verwendet wurde, beginnt und schließt mit Quint-Oktavklängen. Dazwischen werden überwiegend Sextakkorde parallel geführt. Der c.f. liegt oben, er kann auch ausgeziert sein.

---

[1] Über die Bedeutung des Begriffes Fauxbourdon (= „falscher Baß") gehen die Meinungen auseinander.

Beispiel 18

Fauxbourdon aus England

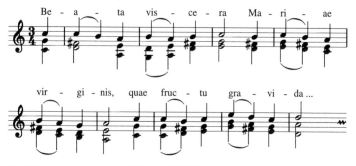

Das Beispiel stammt aus der Zeit um 1300 (Worcester).

Um 1200 bildeten die Werke der beiden Meister **Leonius** und **Perotinus** Höhepunkte des Organums. Sie wirkten an der Kathedrale Notre-Dame in Paris und waren die wichtigsten Vertreter der nach dieser Kirche benannten Schule.

Bei Leonius finden sich zwei Setzweisen: entweder wird in melismatischen Abschnitten des c. f. ein Satz Note gegen Note mit nur kurzen Oberstimmenmelismen bevorzugt („Diskantus"), oder es entfallen bei syllabisch textierten Abschnitten freie Melismen auf jeden c. f. -Ton (Organum, vgl. Beisp. 17c).

Während der jüngere Perotinus die organalen Teile in den Werken seines Vorgängers unangetastet ließ, arbeitete er viele von dessen Diskant-Partien um und erweiterte sie auf drei und vier Stimmen. Diese Erweiterungen („clausulae") waren Ausgangspunkt für bedeutende weitere Schritte. So wurden den Stimmen neue Texte syllabisch unterlegt (ein Vorgang, der sich bei der Sequenz schon einmal gezeigt hat, vgl. S. 13), und schließlich wurden die zunächst im modalen, später im mensurierten zeitlichen Ablauf immer selbständiger geführten Stimmen ganz aus dem organalen Zusammenhang herausgenommen.

Damit war der Grund gelegt für die immer weiter fortschreitende Mehrstimmigkeit. Das Verbot dieser neuartigen, vielfach auch weltliche Texte verwendenden Musik in der Kirche durch den Papst Johannes XXII.

(Avignon, 1324) hielt die Entwicklung kaum auf, bewirkte aber eine verstärkte Verlagerung auf weltliches Musizieren.

Übungen

- Die Unterscheidung nach Syllabik und Melismatik ist für die Musik von grundlegender Bedeutung: bei Syllabik (= pro Silbe ein Ton) steht der Text im Vordergrund, bei Melismatik (= mehrere Töne auf eine Silbe) überwiegt der Wunsch nach musikalischem Ausdruck – untersuchen Sie daraufhin Melodien, vom Kinderlied bis zur Opernarie.
- Tonsatzübung: Fügen Sie einem beliebigen c. f. nach Art der Beispiele 13 bis 17 eine zweite Stimme, in der Setzweise von Beispiel 18 zwei weitere Stimmen hinzu.

7 Stimmen im kunstvollen Satz

Die Umwandlungen der mittelalterlichen Welt nach dem Abklingen der Gotik schlugen sich auch in der Musik in bedeutendem Ausmaß nieder. Die lange Vorherrschaft Frankreichs ging zu Ende und der Spielraum für nationale Ausprägungen wurde größer. Nach dem Verzicht auf die noch von Boethius aufgestellten Grundlagen wurde Musik völlig neu verstanden und bildete sich als eigenständige Kunst heraus – bis zur „Musica reservata" als einer hohen Gesellschaftskunst für Kenner.

Eine bemerkenswerte Zwischenstufe auf dem Wege zu einer veränderten Einstellung zur Musik war der **Conductus** (Geleitgesang während der Liturgie). Er wurde zunächst einstimmig ausgeführt und bildete ein geistliches Gegengewicht zur Musik der Troubadours und Trouvères. Ab 1200 setzt sich eine mehrstimmige Setzweise mit zunehmender Beteiligung von Instrumenten durch.

Im Unterschied zum Organum ist der Tenor[2] nicht ein liturgischer (gregorianischer) c. f., sondern eine freie Komposition auf einen neu gedichteten lateinischen Text. Satztechnisch begegnet uns in den Zeugnissen große Vielfalt. Neben den melismatischen Stimmführungen steht

---

[2] sprich: Tenor (= Hauptstimme)

38

die synchrone syllabische Textverarbeitung in allen Stimmen. Einen festen Platz in der Liturgie hatte der Conductus nicht.

Beispiel 19
Conductus aus dem 13. Jahrhundert

Der Text steht unter der tiefsten Stimme; es ist also naheliegend, daß die beiden oberen Stimmen instrumental ausgeführt wurden – zumal im Original diesem Ausschnitt ein instrumentales Vorspiel vorausgeht.

Auch Texte weltlichen Inhalts wurden Grundlagen für Kompositionen dieser Art. Als Formen bildeten sich **Ballade**, **Virelai** und **Rondeau** heraus.

Das Virelai ist ein- und mehrstimmig, Ballade und Rondeau sind meist dreistimmig gesetzt. Die obere Stimme (Diskant) singt die Melodie, die anderen führen vokal oder instrumental eine mehr oder weniger eigenständige Begleitung aus. Im Verlauf dieser sog. **Diskantlieder** wird ein musikalischer Hauptgedanke mehrfach wiederholt (**Refrain**). Dadurch ergibt sich eine Form, wie sie auch bei den Troubadours anzutreffen ist.

Adam de la Halle, *Virelai*

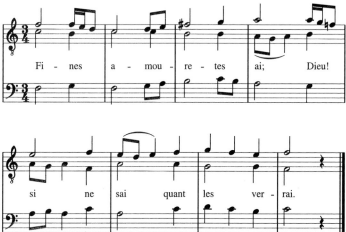

Fi - nes a - mou - re - tes ai; Dieu!

si ne sai quant les ver - rai.

Die zweite Hälfte des 13. Jahrhunderts **(Ars antiqua)** ist gekennzeichnet durch das Gestalten der **Motette** in ihrer älteren Form. Vorausset-
zung dafür war die Präzisierung des zeitlichen Ablaufs in der Mensuralnotation (vgl. S. 30).

Am Anfang stand das Unterlegen von neuen Texten unter die melismatischen Linien der „Klauseln" (vgl. S. 37). Zunächst wurde dem **Du-
plum**, der Stimme über dem Tenor, ein syllabischer Text unterlegt. Er
konnte in freier Form (auch in einer anderen Sprache!) den Tenor kom-
mentieren und ergänzen oder auch ganz neue Gedanken einbringen. Im
Gegensatz zum melismatisch vorgetragenen Duplum im Organum (vgl.
Beispiel 17c) nannte man diese Stimme **Motetus** (mot = franz. „Wort").
Daraus leitet sich die Gattungsbezeichnung ab. Die dritte und vierte
Stimme über dem Tenor, die ebenfalls frei textiert wurden, behielten die
Bezeichnungen **Triplum** bzw. **Quadruplum** bei.

Motet aus dem 13. Jahrhundert, Goliardenlied (= Vagantenlied)

Die drei Stimmen verarbeiten Texte in verschiedenen Sprachen und mit unterschiedlicher Aussage. Die musikalische Fassung der drei Stimmen ist selbständig.

Beispiel 22

Motette *Maria assumptio*, Anonym aus dem 13. Jahrhundert

a) Anfang des instrumental auszuführenden Vorspiels
b) Anfang der Singstimmen (mit deutscher Übersetzung)

a)

b)

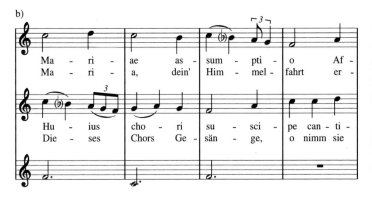

| Ma | – | ri | – | ae | | as | – | sum | – | pti | – | o | | Af |
| Ma | – | ri | – | a, | | dein' | | Him | – | mel | – | fahrt | | er – |

| Hu | – | ius | | cho | – | ri | | su | – | sci | – | pe | can | – | ti |
| Die | – | ses | | Chors | Ge | – | sän | – | ge, | | o | nimm | sie |

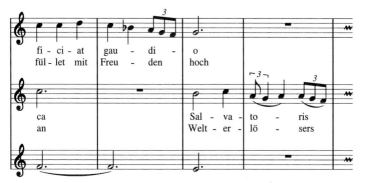

Im Gegensatz zum vorausgegangenen Beispiel sind die Texte in einer einheitlichen Sprache verfaßt und inhaltlich aufeinander bezogen. Bei der gleichzeitigen Ausführung ist aber auch hier die Verständlichkeit nicht gegeben. – Das (knapp zur Hälfte notierte) Vorspiel bereitet den Einsatz der Singstimmen vor, ohne auf den Textinhalt einzugehen.

Nach dem gleichnamigen Traktat von **Philipp de Vitry** um 1320 wird die Musik des 14. Jahrhunderts **Ars nova**, die neue Kunst genannt. Anlaß zu dieser Bezeichnung gibt vor allem die Weiterentwicklung der Satztechnik und der Mensuralnotation. Die mehrstimmige, nunmehr überwiegend weltliche Musik steht im Vordergrund.

Der wichtigste Komponist dieser Zeit ist **Guillaume de Machaut** (ca. 1300 bis 1377).

Beispiel 23

Guillaume de Machaut, *Ma chiere dame*

qui vous di - ra les maus que je re - coy,
pour vo gent corps cointe et de bel ar - roy

Bei dieser Ballade wird die Singstimme von zwei Instrumenten begleitet, die sich zwar selbständig bewegen, aber deutlich aufeinander bezogen sind. Auffällig ist die Wiederverwendung gleicher rhythmischer Elemente in verschiedenen Stimmen – ein Vorgang, der besonders von Machaut weiter entwickelt und in der isorhythmischen Kompositionsweise zum Prinzip erhoben wird.

Beispiel 24

Guillaume de Machaut, isorhythmische Kompositionsweise

Qui tol - - -

Qui tol - - lis

44

Die beiden Ausschnitte aus dem *Agnus Dei* der **Notre-Dame-Messe**, die vermutlich 1364 für die Krönung Karls V. geschaffen wurde und als erste vollgültige mehrstimmige Messe gilt, beginnen mit Takt 8 bzw. mit Takt 15. Sie zeigen das von Machaut aufgestellte Ordnungsprinzip mit der Wiederholung von zeitlichen Abläufen in anderen Stimmen bei unterschiedlicher melodischer Bewegung (vgl. Beisp. 23). Es zählt zu den wichtigsten Gestaltungsgrundlagen der Musik dieser Zeit und spiegelt den Konstruktivismus der gotischen Architektur wider.

Die französische Ars nova ist gekennzeichnet von der sicheren Beherrschung konstruktiver Gestaltungselemente. Demgegenüber bildet sich in Norditalien mit dem **„Trecento"-Stil** eine weltliche, vokal inspirierte Musik eigener Art heraus. Sie vereinigt als Gesellschaftskunst Freude an der gut singbaren Melodie und am Zusammenklang der oft instrumental ausgeführten Stimmen.

Beispiel 25

Francesco Landino († 1397), *Angelica beltà*

Die Musik wird von Sängern und Instrumentalisten gemeinsam ausgeführt. Die italienischen Texte beschäftigen sich mit allegorischen, politischen und erotischen Stoffen. Zu den bevorzugten Dichtern zählt auch **Boccaccio**. – Der blinde Organist Landino war zu seiner Zeit hochberühmt.

Während England hauptsächlich durch **John Dunstable** († 1453) vertreten ist, läßt sich der Wandel von der mystischen Weltferne der Gotik zur Weltoffenheit der Renaissance bei den sog. **„Niederländern"** gleich über mehrere Generationen hinweg verfolgen. Die Bezeichnung ist nicht als absolute regionale Begrenzung zu verstehen. Die Meister bildeten keine „Schule", sondern wirkten an den Höfen und großen Kirchen und beeinflußten mit ihrem Werk maßgeblich das Musikleben ihrer Zeit.

Übungen

- Versuchen Sie, die Begriffe Modalnotation und Mensuralnotation genau zu bestimmen.
- Machen Sie sich das Prinzip der isorhythmischen Kompositionsweise klar (**Machaut**).
- Mehrfach ist vom Ausklingen der Gotik die Rede – stellen Sie zusammen, was Ihnen von Berichten und Zeugnissen aus dieser Epoche wichtig erscheint (Geistesleben, Malerei, Baukunst, gesellschaftliche und politische Situation usw.).

8 Ausgleich Wort/Musik

Der Beginn der Renaissance wird für die Musik mit etwa 1430 angesetzt (**Dufay**, um 1400–1474; **Binchois**, um 1400–1460), doch sind Grenzen für Epochen und Entwicklungsstufen ihrer Natur nach nicht scharf zu ziehen. Das gilt in besonderem Maß für das musikalische Werk, das sich immer erst zögerlich auf Wandlungen in der Gesellschaft einstellt.

Die neue Lebensauffassung führte zu sehr individuell gestalteten Kompositionen (z. B. bei **Josquin des Préz**, um 1440–1521; oder bei **Heinrich Isaac**, um 1450–1517). Dabei hielten sich weltliche und geistliche Werke etwa die Waage.

Gegenüber dem strengeren Norden Europas zeigte sich jenseits der Alpen schon im Trecento-Stil mit seinem melodischeren, leichteren, weniger problematisierenden Charakter eine andere Auffassung von Musik. Für die Renaissance waren die vielen norditalienischen Höfe der geradezu ideale gesellschaftliche Hintergrund.

Viele Niederländer suchten die Begegnung mit Italien und brachten ihrerseits wichtige Impulse in die Entwicklung einer besonderen Musik ein. So geht z. B. die Begründung der Venezianischen Schule auf den Flamen **Adrian Willaert** († 1562) zurück. Neben Musik mit zwei Chören – angeregt durch die zwei gegenüberliegenden Orgeln im Markusdom und später fortgesetzt von **Andrea Gabrieli** († 1586) und **Giovanni Gabrieli** (um 1555–1612) – finden wir in seinem Werk auch neue Formen selbständiger Instrumentalmusik.

Waren es zunächst die kontrapunktischen „Künste", die ihren Ruhm begründeten (z. B. 36stimmige Motetten bei Ockeghem, † 1495), so entwickelte sich neben dem überkommenen Primat der musikalischen Konstruktion später auch die musikalische Ausdeutung der Texte (Affekt). Damit verbunden war die Forderung nach Textverständlichkeit. Außerdem ergab sich die klare Gliederung der Form durch deutliche Einschnitte. – Wichtige Erweiterungen des Satzgefüges waren u.a. die Durchimitation (= die Wiederholung von charakteristischen Motiven in den nachfolgenden Stimmen), die nach und nach erkennbare neue Funktion des Basses als Träger von harmonischen Bewegungen und die Verlagerung der melodischen Hauptstimme in den Diskant.

Johannes Ciconia, dreistimmiger Chorsatz (um 1400)

Der aus Lüttich stammende **Johannes Ciconia** († 1411) ist einer der „Niederländer", die nach Italien übersiedelten und sich mit der Musik auseinandersetzten, die sie dort vorfanden. – Das Beispiel zeigt auf engem Raum zweimal das Prinzip der Durchimitation.

Beispiel 27

Adrian Willaert, Ricercar

Im **Imitations-Ricercar** ist eine Vorform der Fuge zu erkennen; die bei der Motette eingeführte Durchimitation erscheint hier im instrumentalen Bereich. Demgegenüber hat die etwa gleichzeitig entstandene **Fantasie** mehr improvisatorischen Zuschnitt, der die technischen Spielmöglichkeiten der Instrumente berücksichtigt. Sie findet später eine Fortsetzung in **Toccaten** und **Präludien.**

Eine besondere Leistung dieser auf geistvolle Unterhaltung bedachten Zeit ist das **Madrigal**. Es entwickelt sich aus der **Frottola**, einem lebhaften, z.T. vom Karnevalstreiben inspirierten italienischen Liedertypus, unterscheidet sich aber schon durch die wesentlich anspruchsvolleren Texte (Petrarca, Tasso, Ariost u.a.). Hauptmerkmal ist jedoch die nun endgültig in den Vordergrund gerückte Steuerung der Musikerfindung durch den jeweiligen Inhalt (Madrigalismen = komponierte Textaussagen). In der Hochblüte des Madrigals ist der Satz fünfstimmig. Häufig werden Stimmgruppen zu 2 oder 3 Stimmen abwechselnd eingesetzt. Je nach den Erfordernissen der Textvorlage ist das Satzgefüge polyphon oder homophon. Die letztgenannten Teile bilden eine wichtige Vorstufe der Generalbaß-Musik.

Beispiel 28

Jakob Arcadelt (um 1500–1568), Madrigal *Voi mi ponest in foco*

Arcadelt ist ebenfalls franco-flämischer Herkunft. Obgleich er viele Formen seiner Zeit in seinem Werk berücksichtigte, sind es besonders seine Madrigale, die ihn berühmt gemacht haben.

Eine unmittelbare Vorbereitung des monodischen Stils[3] bringt auch **Orlando di Lasso** (um 1532–1594). Er ist der letzte „Niederländer" und vereinigt in seinem Werk alle satztechnischen Möglichkeiten seiner Zeit. Oft weist seine musikalische Ausdruckskraft über das Ausgleichsbestreben der Rennaissance hinaus.

---

[3] Monodie (griech.) – im ursprünglichen Sinn der unbegleitete, in der erweiterten Bedeutung der akkordisch begleitete Sologesang.

Demgegenüber ist das Schaffen von **Giovanni Pierluigi da Palestrina** (um 1525–1594) auf die vollkommene Ausgewogenheit zwischen Linie und Harmonie ausgerichtet. Mit seinem Namen ist die Römische Schule verbunden. Deren eher konservativer Stil verwendet die polyphonen und homophonen Satztechniken, die melismatischen und syllabischen Anteile und die nach festen Regeln eingeführten und aufgelösten Dissonanzen in einer so sehr auf Ausgleich und besonders auch auf Textverständlichkeit bedachten Weise, daß er als Inbegriff der italienischen Renaissance gelten kann.

Beipiel 29

Giov. Pierluigi da Palestrina, dreistimmiges *Benedictus*

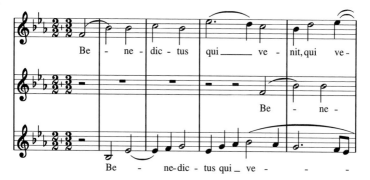

Die früher einsetzenden äußeren Stimmen führen weite melismatische Bögen aus und treffen mit dem Textschluß der mittleren Stimme, die den Anfang der oberen Stimme wiederholt, zusammen.

Exkurs:
Harmonie – Ein vieldeutiger Begriff

Die Antike bezeichnet mit Harmonie ein auch zahlenmäßig vollkommen ausgeglichenes Ereignis und stellt den Zusammenhang des Ästhetisch-Schönen nicht nur mit der Musik und mit den bildenden Künsten her, sondern bezieht die Mathematik, die Astronomie und die Philosophie mit ein. Die Stimmigkeit der Ordnungen, die sich aus den Zahlenverhältnissen ableiten lassen, wird vielfach höher bewertet, als die sinnliche Erfahrung (vgl. kosmologische Systeme, S. 9). Selbst **Boethius** (um 480 bis 524), dessen musiktheoretische Schriften bis zum 16. Jahrhundert für die Entwicklung der Musik von überragender Bedeutung waren, zählt sich noch zu den Vertretern dieser Richtung. Sie orientieren sich an den Lehren und Erkenntnissen des **Pythagoras** und werden als „Kanoniker" bezeichnet – gegenüber den „Harmonikern", die sich auf **Aristoxenos** beziehen.

Das musikgeschichtlich wichtige Werk *De Institutione Musicae*, das Boethius zwischen 500 und 507 schrieb, setzt sich umfassend mit den damals diskutierten Fragen auseinander. Es unterscheidet die **musica mundana** als Sphärenmusik, in der die Harmonie des Weltalls zum Ausdruck kommt, die **musica humana**, die das Verhältnis von Leib und Seele beschreibt (und somit bedeutenden Einfluß für die Erziehung zum moralischen und sozialen Denken hat) und di**e musica instrumentalis** (genau: *musica in quibusdam constitua instrumentalis*), die sich mit den Lehren von den klingenden Tönen beschäftigt.

Die Entfaltung der Mehrstimmigkeit im Sinne einer „Harmonie" von drei zusammenklingenden Tönen hat Jahrhunderte gedauert. Bei der allgemeinen gesellschaftlichen Situation in jener Zeit darf das nicht verwundern: alle Informationen erreichten nur langsam die Adressaten und neue Erkenntnisse setzten sich nur langsam durch. Nach und nach aber kam es doch durch genaues Zusammenführen der Stimmen zu Dreiklängen als konsonant empfundenen Klanggebilden und zu festen Wertvorstellungen beim Fortschreiten von einem Zusammenklang zum anderen. So wurde bereits im 15. Jahrhundert die Bewegung von einer imperfekten zu einer perfekten Konsonanz (= mit Grundton und Quinte, auch Terz einbezogen) als Harmonie bezeichnet. Eine einheitliche Entwicklung ist jedoch erst ein Jahrhundert später erkennbar. Sie führt schließlich zu der Trennung von Hauptstimme/Melodie einerseits und Akkordsockel andererseits.

Beschleunigt wurde die Verwendung dieser neuen Art des Tonsatzes durch das Bestreben nach Ausgleich zwischen Musik- und Textanteilen (vgl. S. 51) und durch die (vermeintliche) Notwendigkeit, in den Opern viel Text zu transportieren (vgl. S. 62ff.). Die neuen Satzmöglichkeiten kamen aber auch grundsätzlich einer veränderten Musikauffassung gegen Ende der Renaissance entgegen. Dieser Stil beherrschte die Musik etwa zwischen 1600 und 1750 so sehr, daß wir von der **Generalbaßzeit** sprechen.

Johann Mattheson erläutert noch in seiner *Kleinen Generalbaß-Schule* von 1735, wie die einzelnen Töne der Generalbaßstimme mit Ziffern versehen werden, *die einen vollstimmigen Zusammenklang andeuten/ nach deren Vorschrift volle Griffe auf dem Clavier (oder einem anderen Instrument) gemacht werden/ damit dieselben dem übrigen Concert/ in genauer Einigkeit/ zur Unterstützung und Begleitung dienen.* Zu dieser Zeit war jedoch die praktische Verwendung bereits seit über hundert Jahren üblich. Nachdem **Lodovico Viadana** in seinen 1602 veröffentlichten *Cento concerti ecclesiastici* erstmalig eine solche Baßstimme für die Orgel notiert hatte, bezogen sich immer mehr Komponisten auf dieses Vorbild. Bedeutsam sind auch Partituren von **Jacopo Peri** (*Euridice*, 1600), **Emilio de' Cavalieri** (*Rappresentazione di Anima e di Corpo*, 1600) und **Giulio Caccini** (*Le nuove Musiche*, 1601).

Eine verbindliche Regelung der Schreib- und Spielarten hat sich nicht ergeben. Am Anfang stand dem die weiterhin gültige lineare Denkweise entgegen. **Schütz** verlangte noch 1648 vom Organisten, daß er in seiner *Geistlichen Chormusik* die Stücke nicht nach dem Baß spielen, sondern *in Partitur absetzen* solle. Auch **Michael Praetorius** beklagt in seinem *Syntagma musicum* (1619) die Vieldeutigkeit. Nachdem um 1700 der Akkordvorrat immer mehr ausgebaut wurde, mußten die Bezifferungstabellen zwangsläufig immer umfangreicher und unübersichtlicher werden. In den groß besetzten Symphonien **Joseph Haydns** erscheint jedoch noch in Drucken zwischen 1779 und 1786 ein bezifferter Baß.

Mit **Jean-Philippe Rameaus** *Traité de l'Harmonie* (1722) beginnt eine neue Phase der Kompositionslehre. Während sie sich bis dahin immer noch auf die kontrapunktischen Satzregeln stützte,wurden nun die Erkenntnisse vom harmonischen Zusammenklingen der Töne in Akkorden und von der harmonischen Bewegung Grundlage für die musikalische Komposition. Dazu bildeten sich im 18. und 19. Jahrhundert mehrere Theorien und Systeme heraus. Während die *Stufentheorie* (**Simon Sechter**, 1788–1867, Akkordbezeichnung durch römische Ziffern, ergänzt durch Ziffern aus der Generalbaß-Schreibweise) die Bewegung von einem Akkord zum anderen aufzeigt, orientiert sich die *Funktionstheorie* (**Hugo Riemann**, 1849–1919, Akkordbezeichnung durch ein System von Buchstaben) an der jeweiligen Tonika und sucht die Beziehungen der Akkorde zu diesem Zentrum zu erfassen.

Die musikalische Gestaltung auf der Grundlage harmonischer Abläufe entwickelt sich in mehreren Stufen. So wendet sich Bachs oft kühne Harmonik an den „Kenner". Die Musik nach dem Stilumbruch in der Mitte des 18. Jahrhunderts bevorzugt demgegenüber die wesentlich schlichter geführte harmonische Bewegung; ihr Adressat ist der „Liebhaber", der mit komplizierten Vorgängen nicht überfordert werden soll. Im 19. Jahrhundert werden harmonische Ausdrucksmittel immer mehr in subjektive Aussagen eingebunden. Mit den *Tristan*-Akkorden (vgl. Bd. II) beginnt die Auflösung der traditionellen Spannungs- und Lösungsvorgänge.

Exkurs:
Generalbaß – Prinzip und Übungen

I

Der Begriff Generalbaß kennzeichnet eine instrumentale Fundament-Stimme. Er ist zu verbinden mit einer gegen Ende des 16. Jahrhunderts aufkommenden Satztechnik, die ihrerseits die zunehmend akkordisch aufgefaßte Musik zum Ausgangspunkt hat. Die Baßlinie wird verstanden als Kennzeichnung der darüberliegenden Akkorde. Die Baßtöne sind entweder zugleich die Grundtöne der Harmonien oder sie müssen als „1" einer „Bezifferung" angesehen werden, die den stufenweise abzuzählenden und ggf. mit Versetzungszeichen zu korrigierenden Akkordaufbau ablesbar macht.

Für die Ausführung konnte jedes Akkord-Instrument eingesetzt werden, neben den Tasteninstrumenten also auch die Laute oder die akkordisch gespielte Viola da Gamba. Für die Praxis entwickelte sich die Verstärkung der Baßlinie des **basso continuo** durch ein geeignetes Instrument.

Die Spielweise bietet neben der Vereinfachung der Darstellung von schlichten Klangfolgen insbesondere die Möglichkeit der freien Ausführung des Spiels durch individuelles Verteilen der Akkordtöne. Dabei wird unterschieden zwischen dem *simplen Accompagnement*, der einfachen Akkordbegleitung, und dem kunstvollen *manierlichen* Generalbaßspiel, das auf die jeweiligen Besonderheiten der zu begleitenden Stimmen vorteilhaft eingehen konnte.

Das im Grunde einleuchtende Prinzip dient heute (abgesehen von der Aufführung Alter Musik – mit in aller Regel ausgesetzten Noten für Tasteninstrument) lediglich noch als bequeme Einstiegsmöglichkeit für das Nachvollziehen traditioneller harmonischer Zusammenhänge. Die dazu standardisierte Form nennen wir **Generalbaß-Satz**. In dieser Form sind auch die nachstehenden Übungen abgefaßt.

II Übungen

Mit Generalbaß-Satz wird eine Notation für ein Tasteninstrument bezeichnet, bei der aus Baßtönen mit Bezifferung die Zusammensetzung der Klänge abzuleiten ist. Die Notierung erfolgt in zwei Systemen. Im unteren System (𝄢) steht nur die Baßstimme. Im oberen System (𝄞) sind die Töne notiert, die sich beim stufenweisen Abzählen der „Bezifferung" ergeben. Dabei werden leitereigene (in der jeweiligen Tonleiter enthaltene) Töne verwendet, wenn keine anderen Vorschriften aus der Bezifferung abzulesen sind.[4]

1. Die Grundform der Dreiklänge ist aus Grundton, Terz und Quinte aufgebaut. Die dazu erforderliche Bezifferung ($\frac{5}{3}$) stellt also den Normalfall dar und wird zur besseren Übersicht weggelassen.

   Sofern der Grundton zugleich der Baßton ist, ergibt sich als **Schreibweise** für den Akkord C-Dur:

Die **Spielweise** geht davon aus, daß der Baßton wie notiert zu spielen ist, während der von diesem Baß abzuleitende Akkord vollständig in beliebiger Lage und Art von der rechten Hand ausgeführt wird. Dabei waren zur Generalbaß-Zeit dem Spieler (meist war es der Kapellmeister) große Freiheiten gelassen.

Beispiele

a)

---

[4] aus: Schaper, *Musiklehre compact*

b)

• Spielen Sie im Diskant die Akkorde in beliebigen Lagen.

a)

b)

c)

d)

2. Die Bezifferung rechnet den Baßton immer als „1". Der stufenweise abzuzählende Aufbau der Akkorde wird wieder im Diskant übernommen[5]. Chromatische Veränderungen erscheinen vor den Ziffern. Wenn sie für sich allein stehen, beziehen sie sich auf die Terz – immer vom Baßton aus gezählt.

---

[5] Auf Regeln bei der Verdoppelung des Baßtons bzw. des Grundtones gehen wir hier nicht ein.

Beispiele

Die Bezifferungen werden (wie bei der Grundform $\frac{5}{3}$) nur dann vollständig notiert, wenn chromatische Abweichungen zu berücksichtigen sind. Folgende Abkürzungen sind üblich:

$6 = \frac{6}{3}$ = Terzsextakkord, kurz: Sextakkord

$\frac{6}{4} = \frac{6}{4}$ = Quartsextakkord

$7 = \frac{7}{5}$ = Septimenakkord, kurz: Septakkord, mit den „Umkehrungen"

$\frac{6}{5} = \frac{6}{5}$ = (kurz) Quintsextakkord

$\frac{4}{3} = \frac{6}{4}$ = Terzquartakkord

$2 = \frac{6}{4}$ = Sekundakkord

• Führen Sie die Stücke weiter, indem Sie den Tonsatz sinngemäß
  vervollständigen.

III Zur Musik des Barock

Vorbemerkungen

Um 1600 beginnt in der Musik die Neuzeit. Die Kunstform Musik begleitet nunmehr die geistige und gesellschaftliche Entwicklung bis in unser Jahrhundert hinein und reagiert auf die immer dichtere Folge von Veränderungen. Dabei sind allerdings Jahreszahlen problematisch, weil Neues sich nach wie vor neben dem noch bestehenden Alten herausbildet. So endet mit dem 16. Jahrhundert die Renaissance, doch beginnt das nachfolgende Zeitalter bereits um 1560 mit dem Frühbarock. Um 1620 schließt sich das Hochbarock an. Die Zeit von 1680 bis 1740 nennen wir Spätbarock, und ab etwa 1720 rechnet man die vorklassische Übergangszeit.

Die neue Sicht der Welt, als Folge der großen Entdeckungen der Renaissance, führte wieder zu einem philosophischen Überbau. Er zeigt sich besonders bei dem deutschen Astronomen **Johannes Kepler** (1551–1630), für den die Ordnung im Weltall sich vollkommen spiegelt in der Musik (kosmologischer Aspekt, vgl. S. 9). Demgegenüber verzichtet der tellurische (irdische) Aspekt auf eine derartige Begründung und systematisiert statt dessen die bei **Zarlino** (1517–1590) angelegte **Affektenlehre** mit fest vorgegebenen musikalischen Elementen für den Ausdruck der Bewegungen der Seele. Die „Lehre" hat ihre praktische Bedeutung inzwischen längst verloren, die damit verbundene Einschätzung der Musik als „besondere Sprache" gilt bis in die Gegenwart.

Mit dem Erreichen der völligen Eigenständigkeit wird die Musik aber auch noch mehr zu einem reichhaltigen Angebot, dessen man sich nach Belieben bedient. Das war nicht nur für die Zeit des Absolutismus, die ja mit dem Barock weitgehend übereinstimmt, von Bedeutung, sondern gilt ebenfalls nach wie vor.

Die Neuerungen im musikalischen Satz waren
– der Generalbaß
– die nicht mehr nur zählende, sondern wertende Einteilung im zeitlichen Ablauf
  („schwer-leicht", Taktstriche)

– die Verlagerung von den Kirchentonarten auf das Dur-Moll-System
– der weitere Ausbau einer vom Ausdruck bedingten Chromatik
– um 1700: die Einführung der temperierten Stimmung, die den Abstand der Halbtonstufen angleicht und dadurch das Spiel in allen Tonarten möglich macht.

Ab etwa 1600 entstanden an neuen Formen
– die Oper
– das Oratorium
– Instrumentalmusik mit Continuo
– solistische Instrumentalmusik
– eigenständige Orchestermusik
– das Sololied mit Generalbaßbegleitung
– das Geistliche Konzert und die Kantate

Der Beruf des Musikers gewann durch die Ausweitung eine neue Basis. Zu wirklicher Freiheit führten jedoch erst die entscheidenden Wandlungen der gesellschaftlichen Situation gegen Ende des 18. Jahrhunderts. Bis dahin war vielfach die jeweilige Abhängigkeit des Komponisten für die Entwicklung des musikalischen Werkes mitbestimmend.

9 Oper im Anfang

Verbindungen von Wort und Musik in Spiel und Darstellung gab es bereits im Mittelalter (Mysterien- und Liederspiele). Später folgten musikalische Einlagen im Renaissance-Drama, Schuldramen der Humanisten, Madrigalkomödien u.a. Für die Entstehung der Oper haben diese Versuche den Rang von Vorläufern.

Wirklich bedeutsam wurden jedoch Überlegungen einer Gruppe von Gelehrten, Mäzenen, Dichtern und Musikern in Florenz ab 1580 bis gegen 1600. Diese **Florentiner Camerata** widmete sich der Aufgabe, das antike Theater neu zu beleben. Sie stellte sich das griechische Drama weitgehend mit Musik durchsetzt vor und fand in der Monodie, der begleiteten Singstimme, die nach ihrer Ansicht geeignete musikalische Ausdrucksform.

Für die Florentiner Camerata können die sog. **Hymnen des Mesomedes** richtungweisend gewesen sein. Heute wird die Echtheit der wenigen Funde griechischer Musik angezweifelt.

Auch den Architekten gelang es nicht ganz, das antike Theater neu erstehen zu lassen: Sie bezogen das Publikum nicht weit genug mit ein und schufen so den heute noch bestehenden Gegensatz zwischen Bühne und Zuschauerraum.

Von allen musikalischen Formen ist die Oper am schnellsten zu einer „fertigen" Gattung herangereift. In wenigen Jahrzehnten entfalteten sich ihre wesentlichen Grundzüge.

Beispiel 30

Jacopo Peri (1561–1633) *Bericht der Botin Dafne*
aus der Oper *Euridice* **(Florenz 1600)**

fon - te de - gli al - lo - ri, Pren - dea dol - ce di -
Quell' im Busch des Lor - beers, durch- schritt, hei - te - ren

Die Oper *Euridice* wurde zur Hochzeit Heinrichs IV. von Frankreich mit Maria von Medici geschrieben und mit großem Erfolg in Florenz aufgeführt. – Die Musik Peris zu der Oper *Dafne* (1598) ist verschollen.

Mit der Erfindung des **Secco-Rezitativs** („trockenes" Rezitativ, Sprechgesang über wenigen Stützakkorden) ergab sich die Möglichkeit einer zügigen Mitteilung der Handlung. Außerdem konnten auf diese Weise die ausdrucksvollen Soloteile verbunden werden. Die Form wurde jedoch bald erweitert im **Recitativo accompagnato**, dem begleiteten Rezitativ, bei dem auch das Orchester mitwirkte.

Beispiel 31

Claudio Monteverdi/Torquato Tasso
Il Combattimento di Tancredi e Clorinda („Der Zweikampf zwischen Tankred und Clorinda", Mantua 1624)

Va - gi-ran-do co - lei l'al-pe-stre ci - ma ver al - tra

Diese Takte bilden den Anfang des Werkes. Der *Testo* (Erzähler) berichtet, wie Tankred dem Gegner folgt, von dem er annimmt, es sei ein Mann, „der Probe wert". Ab T. 10 schildern die Streicher, wie Clorinda vergeblich „zum Mauerringe emporläuft", um nach einem anderen Rückweg zu suchen. Damit wird die Mitteilung des Erzählers ergänzt; hier ist sogar der Wortsinn vorweggenommen.

Die ersten Opern, hervorgegangen aus den Bestrebungen der Florentiner Camerata (vgl. S. 62), sind *Dafne* von **J. Peri** und **J. Corsi** sowie *Euridice* (Peri, vgl. Beisp. 30). Von besonderem Gewicht ist *Orfeo* (1607, Mantua) von **Claudio Monteverdi** (1567–1643). Der später in Venedig wirkende Komponist und Kapellmeister vereinigte in seinen Partituren alte und neue Elemente. Von ihm stammt auch die Unterscheidung *Prima prattica*, die Kunst der musikalischen Linien, bei der die Musik „nicht Dienerin, sondern Herrin des Wortes ist", und der *Seconda prattica*, dem neuen musikalischen Stil, bei dem das dichterische Wort den Vorrang hat.

In Rom entwickelten sich ab 1600 zwei Richtungen: die geistliche Oper als Vorstufe des Oratoriums und eine Form der musikalischen Komödie – die jedoch nicht direkt mit der späteren Buffo-Oper zu verbinden ist. Außerdem ist die Abkehr vom alten Rezitativ, bei dem der Harmoniewechsel sich am fortschreitenden Wortsinn orientierte, gegenüber einer neuen, natürlich deklamierenden oder auch dramatisch gesteigerten Form bemerkenswert.

1637 wurde in Venedig das erste ständige öffentliche Opernhaus eröffnet. Damit veränderte sich die gesellschaftliche Bedeutung der noch jungen Kunstart. Neben Monteverdi (z.B. *Die Krönung der Poppea*, 1643) sind vor allem die Opernkomponisten **Francesco Cavalli** († 1676), der mehr die aristokratische Opernkultur fortführte, und als Vertreter des bürgerlichen Geschmacks **Marc' Antonio Cesti** († 1669) zu nennen. – In diese Zeit fällt auch die Verbindung Rezitativ – Arie.

Höhepunkt der Oper in Italien war die **Neapolitanische Schule**. Sie wurde begründet von **Francesco Provenzale** (1627–1704) und fortgeführt von **Alessandro Stradella** (um 1645–1682), **Alessandro Scarlatti** (1660–1725), **Giovanni Battista Pergolesi** (1710–1736) und anderen – bis hin zu **Georg Friedrich Händel** (1685–1759) und darüber hinaus. Außer den Komponisten waren die Textdichter für die Stilbildung von Bedeutung. So schufen **Apostolo Zeno** (1668–1750) und **Pietro Metastasio** (1698–1782) als gefeierte Hofdichter in Wien fest umrissene Figurentypen nach dem Geschmack ihrer Zeit und legten damit die immer schematischer werdenden Abläufe fest.

Die Schematisierung förderte die Übersteigerung der virtuosen Anteile. Der „Bel canto", der klangschöne Gesang als das eigentliche künstlerische Bestreben, wurde zunehmend überwuchert, und die Besetzung mit der möglichst berühmten „Prima donna" und dem „Primo uomo", dem Kastraten, wurde immer wichtiger. So erstarrte die neapolitanische Oper schließlich in festen Formen, die auch für **Christoph Willibald Gluck** (1714–1787) und **Mozart** (1756–1791) zunächst noch verbindlich waren.

Bei der allgemeinen Vorliebe für diesen Stil machte lediglich Frankreich eine Ausnahme und schuf sich mit der „Tragédie lyrique" eine eigene Form (**Jean-Baptiste Lully**, 1632–1687; **Jean-Philippe Rameau**, 1683–1764).

Beispiel 32

Georg Caspar Schürmann (ca. 1672–1751), Arie der Judith aus der Oper *Ludovicus Pius* (Braunschweig, 1734)

Judith

Wohnt noch Mit-leid bei den Ster - nen,

so läßt sich mein Leid ent -fer - nen, hö - ret

G. C. Schürmann wurde 1701 von Herzog Anton Ulrich von Braunschweig–Lüneburg zur weiteren Ausbildung nach Venedig geschickt.
Von 1707 an war er Hofkapellmeister in Wolfenbüttel. Zeitweise gehör-
ten **Carl Heinrich Graun** und **Johann Adolf Hasse** der Kapelle an. Sie
führte regelmäßig Opern auf, die meisten von Schürmann selbst komponiert. Er erwies sich damit neben **Johann Siegmund Kusser**

(1660–1727, Braunschweig, Hamburg, Stuttgart), **Reinhard Keiser** (1664–1739, Braunschweig, Hamburg), **Georg Friedrich Händel** (vier deutschsprachige Opern für Hamburg, darunter *Almira*), **Johann Mattheson** (1681–1764, neben Opern und zahlreichen anderen Werken bedeutende theoretische Schriften) und **Georg Philipp Telemann** (1681–1767, seit 1727 im Anschluß an Keiser viele Opern für Hamburg) als ein wichtiger Vertreter der frühen deutschen Oper.

Der italienische und französische Einfluß war jedoch bestimmend. 1738 stellte das seit 1678 in Hamburg bestehende erste deutsche Opernhaus die deutschen Opernaufführungen ein.

Übungen

Dieses Kapitel bringt besonders viele und ergiebige Ausweitungsmöglichkeiten mit sich. Fassen Sie Ihre Überlegungen

* zu typischen Figuren der Oper – bis hin zum „Rollenfach",
* zu frühen Werken dieser Gattung, die heute kaum noch auf dem Spielplan erscheinen,
* zur Besetzung des Orchesters,
* zur Verbreitung der italienischen Oper,
* zum repräsentativen Charakter festlicher Opernaufführungen usw. zusammen.

These: Die Oper folgt primär dem epischen (berichtenden) und nicht dem dramatischen Prinzip (Beisp. 31: die Aufgabe des „Testo" = Erzählers ist mehr oder weniger deutlich in jeder Oper verankert) – gehen Sie diesem Gedanken nach.

Fortsetzung: Oper im Wandel (Teil II)

---

10 Das Oratorium – eine eigenständige Parallele

Die intensive Wort-Musik-Verbindung in der Monodie wurde auch für geistliche Texte erschlossen. So entwickelte sich das Oratorium (lat. = Betsaal) in ähnlicher Weise wie die Oper. Die Gattungsbezeichnung setzte sich aber erst allmählich durch. Als J. G. Walther im *Musikalischen Lexikon* 1732 definierte: *Oratorio… eine geistliche Opera, oder musicalische Vorstellung einer geistlichen Historie in den Capellen und Cammern großer Herren, aus Gesprächen, Soli, Duo und Trio, Ritornellen, starcken Chören etc. bestehend…*, hatte die Form bereits einige Entwicklungsstufen durchlaufen.

In Rom, dem ersten Mittelpunkt, unterschied man zunächst zwischen dem **Oratorio latino**, dem lateinischen Oratorium und dem **Oratorio volgare**, dem Oratorium auf italienische Texte, das vor allem im Betsaal geistlicher Bruderschaften gepflegt wurde (**Filippo Neri**, 1515–1595). Als bedeutendster Komponist des Oratorio latino gilt **Giacomo Carissimi** (1605–1674). Gegen Ende des 17. Jahrhunderts wurde die Eigenständigkeit dieser Form aufgegeben und das Oratorium zunehmend der Oper angeglichen.

Beispiel 33

G. Carissimi, Szene aus dem Oratorium *Jephte* (Rom, um 1645)

---

* Die im italienischen Text unterlegte deutsche Fassung dient lediglich dem Verständnis; sie ist in dieser Form nicht singbar.

In den Oratorien Carissimis werden dem Chor musikalisch bedeutsame Aufgaben übertragen. Hier übernimmt er die Rolle des Erzählers (*Testo*). Das Beispiel zeigt den typischen Satz in deklamierender Weise und mit einfachen harmonischen Verbindungen.

Die Verwendung des Chors tritt mit dem Übergang zum neapolitanischen Oratorium zugunsten des ausdrucksvollen Sologesangs zurück, war aber z.B. für **Händel** wichtige Anregung.

Wie bei der Oper, so spielte Neapel auch bei der weiteren Entwicklung des Oratoriums im 18. Jahrhundert eine führende Rolle. Daran waren wieder die Textdichter **Zeno** und **Metastasio** und die Opernkomponisten (z.B. **A. Scarlatti** und **Pergolesi**) beteiligt. Der Stil ist gekennzeichnet durch Vorliebe für solistische Singstimmen. Die Abgrenzung zur Oper ist oft nur durch den Stoff gegeben. – Der Einfluß des neapolitanischen Oratoriums erhielt sich in ganz Europa bis ins 19. Jahrhundert.

Die von seinen italienischen Opern beeinflußten Oratorien **G. F. Händels** fanden in England zunächst große Zustimmung. Nach seinem Tode setzte Kritik ein, die sich gegen das Opernhafte wandte und stärkere Hinwendung zu lyrischen Elementen forderte. Sie ist als Folge der sich wandelnden allgemeinen Auffassung zu verstehen, wie sie z.B. auch in den Opernreformen **Glucks** ihren Niederschlag findet.

In Deutschland wurden in der Mitte des 17. Jahrhunderts die bis dahin üblichen Motetten durch Musikstücke ersetzt, die Rezitative und andere monodische Formen zu sog. Monologen zusammenfügten. Eine weitere Vorform bildeten zahlreiche Passionen – in einfachen Formen („Generalbaß-Passionen") bis zu reich ausgestalteten Werken, die den Rahmen der Gottesdienste sprengten und in manchen Städten zu traditionellen Veranstaltungen außerhalb der kirchlichen Ordnung führten (z.B. Hamburg und Lübeck). Als erstes deutsches Oratorium gilt die *Historia der freudenreichen Geburt Gottes und Marien Sohnes Jesu Christi* von **Heinrich Schütz** (1664), dem besonders auch mit diesem Werk eine Verbindung der aus Italien übernommenen Ausdrucksmittel mit der deutschen Sprache gelang.

Deutsche Komponisten

Matthias Weckmann (1621–1674) – Schüler von Schütz; gründete 1690 das Collegium musicum in Hamburg

Franz Tunder (1614–1667) – ab 1646 „Lübecker Abendmusiken"; Vorgänger von Dietrich Buxtehude (1637–1707)

Andreas Hammerschmidt (1611 oder 1612–1675) – um schlichte Formen bemüht; Evangelienvertonungen (1655–56)

Johann Adolf Hasse (1699–1783) – schrieb neben erfolgreichen Opern im italienischen Stil zwischen 1734 und 1750 Oratorien (Dresden)

Georg Philipp Telemann (1681–1767) – bedeutendes Oratorienwerk (Hamburg)

Beispiel 34

Johann Mattheson (1681–1764) aus dem Oratorium *Die heylsame Geburth und Menschwerdung unseres Herrn* (Hamburg 1715)

Das Beispiel zeigt die schlichte, eingängige Musizierweise vieler Werke aus dieser Zeit. – Mattheson schrieb über 20 Oratorien; er führte diese Form 1715 in Hamburg ein.

Grundelemente des Oratoriums sind

– **Mitteilung** – Bibeltext („Testo"/Erzähler [vgl. S. 66], neutestamentlich: Evangelist)

– **Reflexion** – Dichterwort (Solisten in Arien)

– Choräle

– **Aktion** – Bibeltext (Solisten in Rollen, Chor)

Höhepunkte bilden neben dem *Weihnachtsoratorium* (1734) die beiden *Passionen nach Johannes* (1724) und *Matthäus* (1727) von **Johann Sebastian Bach** (1685–1750).

Übungen

- Viele Komponisten haben Opern u n d Oratorien geschrieben (z.B. A. Scarlatti, Händel, Telemann), und andererseits haben Textdichter für beide Gattungen Libretti verfaßt (z.B. Metastasio) – gehen Sie Partituren und Textbücher durch.
- Vergleichen Sie Oratorien auf gleicher stofflicher Grundlage, z.B. über den Leidensweg Christi.

Fortsetzung: Das Oratorium nach Händel (Teil II)

11 Die Entfaltung der Instrumentalmusik

Musik mit Instrumenten hat zwei Ursprünge: sie erwächst aus dem Tanz oder aus der Teilhabe an den vokalen Musizierformen.

Bereits im Mittelalter stehen neben der Mitwirkung in vokalen Stücken selbständige Tänze. Schon hier zeigt sich die später allgemein übliche Zweiteilung mit einem gemessen auszuführenden **Vortanz** (Schreittanz) und dem lebhaften **Nachtanz** (Springtanz, Drehtanz).

Die Praxis der Übernahme von vokalen Stimmen durch Instrumente ist sehr alt. Für das Lösen von diesen Vorlagen und das eigenständige Musizieren gab es im 16./17. Jahrhundert gesellschaftliche und repräsentative Gründe (Aristokratie, vornehmes Bürgertum, Kirche). Dabei diente die französische **Chanson** mit ihrem mehr periodischen, liedmäßigen Aufbau als Vorbild, während das italienische **Madrigal** mit seiner textbezogenen, freieren Form zurücktrat. Der Satz dieser sog. **Kanzonen** war zunächst abwechselnd imitierend oder homophon. Mit der Verbreitung der Monodie wurde dieser Satztyp abgelöst durch die **Sonate**.

Die Bezeichnungen kennzeichnen zwar das jeweilige Prinzip, wurden aber nicht eng genommen. „Sonate" steht oft für „instrumentales Klangstück". Sonaten für Tasteninstrumente finden sich schon bei **Adriano Banchieri** (1605) und **Giovanni Pietro Del Buono** (1641).

I. Aus dem Tanz

Beispiel 35

Drei Tänze für Viola allein – anonym (14. Jh.), daraus: *La Manfredina*

In der Renaissance kamen neue Tänze auf, z.B.

Basse danse – langsamer, festlicher Tanz; zwischen 1400 und 1550
Saltarello – schneller Nachtanz dazu, auftaktig und im Dreiertakt; in Deutschland auch „Proporz" genannt
Pavane – „Pfauentanz", Vortanz im Vierertakt
Galliarde – Nachtanz dazu, Dreiertakt; seit Ende des 15. Jahrhunderts

Die Tänze wurden zu **Suiten** zusammengestellt. Die zunächst lose Folge entwickelte sich zu einer musikalischen Einheit, z.B. durch das Variieren des motivischen Grundmaterials und das Beibehalten der Tonart.

Paul Peuerl (1570– ca. 1625), Satzanfänge einer Suite (Nürnberg 1611)

Galliarda

Die Suite ist für Blas- oder Streichinstrumente geschrieben. Die Anfänge lassen den musikalischen Zusammenhang erkennen. Mit dieser Technik wird eine alte volkstümliche Praxis fortgesetzt.

Bei **Johann Jakob Löwe** (1629–1703) findet sich erstmalig eine „Synfonie" als Einleitungssatz. **Johann Rosenmüller** (1619–1684) hob diesen nicht zum Tanzen bestimmten Satz in seinen Suiten musikalisch besonders heraus. Auch in den Suiten anderer Komponisten dieser Zeit lassen sich Schritte zur Verselbständigung der Musik erkennen.

Hans Leo Hassler (1564–1612) setzte sich nach Studien bei A. Gabrieli (Venedig 1584) für die Übernahme der Klangschönheit der italienischen Musik ein. **Valentin Haussmann** († zwischen 1611 und 1614) verfolgt ebenfalls die Verbreitung der italienischen Musik; neben überwiegend weltlichen Vokalwerken stehen frühe selbständige Instrumentalstücke. **Samuel Scheidt** (1587–1654) – Halle, war Schüler von J. P. Sweelinck (Amsterdam, vgl. S. 95). Seine Partituren zeichnen sich häufig durch kunstvolle Setzweisen aus. **Johann Hermann Schein** (1586–1630), Thomaskantor in Leipzig, übernahm die Ideen Peuerls (vgl. Beisp. 36).

Beispiel 37

Johann Pezel (1639–1694), Turmsonate (Leipzig 1670)

Nach dem Autograph ist auch die Ausführung durch 2 Violinen, 2 Violen und Baß möglich. Der Ausschnitt läßt mit den Sequenzen und dem Beibehalten eines kurzen Motivs eine auffällige Kompositionstechnik erkennen, die in der Musik des Barock häufig zu finden ist.

Gegen Ende des 17. Jh. wurde die Musik am französischen Hof vielfach nachgeahmtes Vorbild. Der Einleitungssatz der Suiten erhielt soviel Gewicht, daß das ganze Werk **Ouverture** (Eröffnung) genannt wurde (französische Ouvertüre: langsam-schnell-langsam)[6]. Der führende Komponist der von Ludwig XIV. geförderten Musik war der aus Italien stammende **Jean-Baptiste Lully** (1632–1687).

---

[6] Gegensatz: italienische Ouvertüre: schnell-langsam-schnell

Nachdem **J. S. Kusser**, ein Schüler Lullys, diese musikalisch reiche Form mit der feststehenden Satzfolge *Allemande, Courante, Sarabande, Gigue* in Deutschland eingeführt hatte, wurde sie auch von deutschen Komponisten übernommen und weiter ausgebaut.

In diesen Zusammenhang gehören die vier *Ouvertüren* (Suiten) von Joh. Seb. Bach, aber auch die beiden umfangreichen Zyklen *Wassermusik* (1717) und *Feuerwerksmusik* (1749) von G. Fr. Händel.

Beispiel 38

Georg Muffat (1645–1704), Tanzstück aus *Florilegium I* (Passau 1695)

Gavotte, Menuett und *Bourrée* (altfranzösischer Tanz) waren weitere Sätze der Suite. Ihre charakteristischen Merkmale wurden in einfache, übersichtliche Formen übertragen und weit über die ursprüngliche Anlage hinaus stilisiert (Bach; Jean-Philippe Rameau, 1683–1764).

II. Aus dem vokalen Musizieren

Beispiel 39

Giovanni Gabrieli (1557–1612), *Sonata Pian e forte* **doppelchörig (Venedig 1597)**

Aus der Kanzone entwickelte sich durch den Ausbau der einzelnen Glieder die **Kirchensonate** (Sonata da chiesa).

Bologna: **Giovanni Battista Vitale** (um 1644–1692); **Giuseppe Torelli** (1658–1709); **Giovanni Maria Bononcini** (1642–1678).

Auch die Trennung zwischen der Kirchensonate mit der Satzfolge langsam–mäßig schnell–langsam–schnell und der etwa gleichzeitig entstandenen **Kammersonate** wurde nicht immer streng eingehalten. Hier ist häufig die Satzfolge schnell–langsam–schnell anzutreffen. In die Kammersonate konnten auch Tanzstücke eingefügt werden.

Tarquinio Merula (um 1595–1665), Canzona *La Strada* für drei Streichinstrumente und B. c. [7] (Venedig 1637)

---

[7] B. c. = Basso continuo, Generalbaß

Beispiel 41

Arcangelo Corelli, Kammersonate op. 2, Nr. 2 (Rom 1685)

Gegenüber der auf Ausgleich bedachten Musik der Renaissance bevorzugt die Musik des Barock den Gegensatz. Dafür bot der Generalbaß-Satz die besseren Voraussetzungen.

Die Sonaten von **Arcangelo Corelli** (1653–1713) faßten alle spieltechnischen und musikalischen Möglichkeiten zusammen. Hauptform war die **Trio-Sonate** mit zwei gleichberechtigten hohen Stimmen und B. c. **Johann Kuhnau** (1660–1722) übertrug die Kirchensonate auf das Soloklavier. Ein weiterer bedeutsamer Schritt war das Ausschreiben der zweiten Solostimme im Klavierpart, wie es **Joh. Seb. Bach** in Flöten-, Violin- und Gambensonaten vorgenommen hat.

III. Concerto/Konzert

Der Begriff **Concerto/Konzert** wird zwar seit Anfang des 16. Jahrhunderts verwendet, doch ist seine Bedeutung lange Zeit uneinheitlich geblieben. Er wurde vielmehr – wohl richtig aus dem ital. *concerto* im Sinne von „übereinstimmen", „vereinen" übertragen – für vokale und instrumentale Formen so allgemein übernommen, daß sich die Kennzeichnung eines bestimmten Typs nicht ergab. Erst gegen Ende des 17. Jahrhunderts bildeten sich mit dem **Concerto grosso** und dem daraus erwachsenden **Solokonzert** im Bereich der Orchestermusik feste Formvorgaben. Sie fanden mit ihrem dialogischen, kontrastierenden Prinzip schnelle Aufnahme.

Für das Concerto grosso, bei dem eine Gruppe von Solisten dem Tutti konzertierend (hier verstanden als „in Wettstreit tretend") gegenübergestellt wird, sind besonders die Werke von **Corelli** richtungweisend. Die Besetzung des Concertino (= die Gruppe der Solisten) entspricht zunächst der Triosonate, doch werden zunehmend auch Blasinstrumente eingesetzt. Das Tutti (auch: Ripieno) wird durch das Streichorchester gebildet.

In Deutschland veröffentlichte **Georg Muffat** (1653–1704) zum erstenmal Concerti grossi, während mit **Francesco Geminiani** (um 1680–1762) und **Pietro Locatelli** Schüler Corellis den neuen Stil in England bzw. Holland verbreiteten. Weitere Komponisten sind **Händel**, **Telemann**, **Gottfried Heinrich Stölzel** (1690–1725) und **Francesco Manfredini** (um 1688–1748). Auch die sechs *Brandenburgischen Konzerte* mit wechselnder Besetzung, von **Joh. Seb. Bach** 1721 aus bereits vorhandenen Werken für die Kapelle des Markgrafen Christian Ludwig von Brandenburg zusammengestellt, sind hier einzuordnen.

Wie Corelli für das Concerto grosso, so prägte **Antonio Vivaldi** (1678–1741) für das barocke **Solokonzert** die lange Zeit gültige Form. Seine dreisätzigen Violinkonzerte mit ihrer klaren Verteilung der Gewichte wurden zu Anregungen für viele Komponisten. Vivaldi schuf damit einen ersten Rahmen für den individuellen Ausdruck. Joh. Seb. Bach allerdings ging in der Verarbeitung des motivischen Materials in seinen Violin- und Klavierkonzerten weit über die Vorbilder hinaus.

Beispiel 42

Antonio Vivaldi, Zweiter Satz aus dem Violinkonzert *La primavera* („Der Frühling", Venedig um 1725)

Die drei Sätze des „Frühlingskonzertes" folgen einer in einem Sonett abgefaßten Textvorlage. Die für das hier notierte *Largo* gültigen Zeilen lauten in der Übersetzung:

Dort aber, auf der blumenbunten Wiese,
wo Blatt und Gras ein leiser Hauch bewegt,
der Hirte schläft, den treuen Hund zur Seite.

87

Giuseppe Torelli (1658–1709), Konzert für Violine und Orchester (Bologna 1709)

Der Ausschnitt zeigt die Verbindung der spielerisch-virtuosen Soloteile mit den prägnanten Tuttiteilen. Diese Setzweise ist kennzeichnend für den Stil.

Weitere Komponisten sind **G. Fr. Händel** (Orgel- und Oboenkonzerte); **Giuseppe Tartini** (1692–1770): **G. Ph. Telemann**; **Christoph Graupner** (1683–1760).

Übungen

- Zu den Stilelementen im Barock gehören Sequenzierungen und andere ausgiebige Verarbeitungen kurzer Motive sowie deutliche Gegensätze im Bereich der Dynamik (häufig Echowirkung) und im Wechsel der Besetzungen – hören und analysieren Sie Werke aus dieser Zeit.
- Zu Beisp. 42: Vivaldi hat die Zeilen des (vermutlich von ihm selbst stammenden) Sonetts mit Buchstaben versehen und diese in die Partitur eingetragen – verfolgen Sie den Ablauf anhand der Partitur.
- Bei vielen Musikwerken aus dieser Zeit sind in heutigen Ausgaben die Noten für das Generalbaß-Instrument ausgesetzt – überprüfen Sie Bezifferung und Satz.

Fortsetzung (Teil II):
Kammermusik – Die Entwicklung der Symphonie – Solist und Orchester

12 Tasteninstrument solo

Auch die Musik für Tasteninstrumente ist nicht von Anfang an eine eigenständige Musizierform gewesen. Sie hat sich erst spät von der weit höher eingeschätzten Vokalmusik und vom Tanz gelöst. Vom 14. bis zum 17. Jahrhundert war das **Intavolieren** von großer Bedeutung (von ital. intavolare = absetzen). Darunter ist das Einrichten von mensural notierter Vokalmusik für die Ausführung durch Instrumentalisten zu verstehen. Es kam dabei häufig zu Umarbeitungen.

Die aus dem Orient stammende **Orgel** stand bereits seit dem 9. Jahrhundert zur Verfügung. Das **Cembalo** ist zusammen mit dem **Clavichord** 1404 erstmals erwähnt (Minden). – Trotz der klanglich und spieltechnisch bedeutenden Unterschiede dauerte es lange, bis die Musik für diese Instrumente jeweils eigene Wege ging.

Zu Cembalo und Clavichord vgl. S. 104.

Beispiel 44

Konrad Paumann (ca. 1410–1473), Klavierbearbeitung des Liedes
Elend, du hast umfangen mich **(1453)**

Die Melodietöne sind hier in der Baßstimme verborgen.

Von Konrad Paumann sind zwar nur wenige Werke erhalten, doch ist er sicher einer der bedeutendsten Musiker seiner Zeit gewesen. Auch die Erfindung der Lautentabulatur[8] wird ihm zugeschrieben. In seinen Schulwerken (z.B. *4 Fundamenta organisandi* und *Buxheimer Orgelbuch*, 1450–70) beschäftigt er sich vor allem mit den Möglichkeiten der Auszierung und schafft damit Grundlagen für die nachfolgenden „Koloristen".

I Die Orgel

Anfang des 16. Jahrhunderts erschienen in Deutschland die ersten gedruckten „Tabulaturen"[9], z.B. von **Arnold Schlick** († 1517), Hoforganist in Heidelberg die *Tabulaturen etlicher Lobgesang vun lidlein uff die orgeln und lauten* (1512) mit drei- und vierstimmigen Bearbeitungen geistlicher und weltlicher Lieder, ganzer Vokalsätze und Tänze, aber auch mit eigenen Tonsätzen und Präambeln. Diese Spielvorlagen waren gleichermaßen für den Gebrauch in Haus und Kirche gedacht und verzichteten meist auf die Vorschrift eines bestimmten Instrumentes für die Ausführung. Dennoch sind es die deutschen Organisten dieser Zeit, die man wegen ihres gemeinsamen Stils der Auszierung als „Schule der Koloristen" zusammenfaßt. Zu nennen ist vor allem **Paul Hofhaimer** (1459–1537), der Hoforganist Kaiser Maximilians I.

---

[8] Schreibweise, die die Saiten der Laute zur Kennzeichnung der Tonhöhe ausnutzt (vgl. S. 105).
[9] Nicht zu verwechseln mit den „Tabulaturen" der Meistersinger; vgl. S. 19.

Hans Kotter (ca. 1485–1541), Choralbearbeitung *Uss tieffer nodt*
schry ich zw dir **für Orgel (1532)**

Hans Kotter war 1498 bis um 1500 Schüler von Hofhaimer. Sein Organistenamt in
Freiburg/Schweiz mußte er aufgeben, weil er zum Protestantismus konvertierte. –
Diese Choralbearbeitung ist einer Tabulatur entnommen, wie sie der Berner
Rechtsgelehrte **Amerbach** zwischen 1513 und 1523 gesammelt hat. Darin finden
sich neben Übertragungen lateinischer, französischer und deutscher Gesänge auch
Tänze und freie Stücke (**H. Isaac**, **P. Hofhaimer**, **J. des Préz**). Kotter ist mit et-
wa 20 Kompositionen vertreten.

Einen ersten Höhepunkt der Orgelmusik in Italien brachten die Werke der St. Markus-Organisten **Claudio Merulo** († 1604), **Andrea Gabrieli** (um 1510–1586) und **Giovanni Gabrieli** (um 1555–1612; vgl. S. 47). Dabei nahmen die Formen *Ricercar* (Instrumentalsatz, in dem mehrere Themen nacheinander bearbeitet werden; Vorbild Motette), *Fantasie* (dem *Ricercar* ähnlich, aber freier gestaltet), *Toccata* (vorwiegend virtuoser Satz) und *Canzone* (intavolierte Vokalmusik) neben der Orgelmesse als Ersatz für den Gregorianischen Choral immer festere Formen an.

Der berühmteste spanische Komponist dieser Zeit war **Antonio de Cabezon** († 1566). Seine *Tientos* entsprechen etwa dem italienischen Ricercar.

Weitere entscheidende Schritte zur Verselbständigung der Orgelmusik bilden die Orgelwerke von **Girolamo Frescobaldi** (1583–1643). Seine „Variationskanzonen" sind nunmehr reine Instrumentalstücke.

Girolamo Frescobaldi, *Canzona* für Orgel (Venedig 1635)

Der Ausschnitt setzt kurz vor dem Schlußteil ein. Er weist wie die vorausgegangenen Teile polyphones Spiel mit Imitationen kurzer Motive auf.

Das ganze Stück enthält folgende Abschnitte mit jeweils eigener Charakteristik:
Adagio – Allegro – Un poco Allegro – Moderato.

Die Wende zum 17. Jahrhundert brachte mit dem Generalbaß auch für die Orgel ganz neue Aufgaben mit sich. Aber auch der Orgelbau kam zu immer neuen Lösungen und stand mit den vielgestaltigen Kompositionen für die solistisch gespielte Orgel in Wechselbeziehung.

Die „Norddeutsche Schule" geht vor allem auf **Jan Pieterszoon Swee-linck** (1562–1621, Amsterdam) zurück. Er faßte italienische, englische und niederländische Strömungen zusammen und verband sie in seinen Orgel- und Klavierwerken mit der deutschen und niederländischen Tradition.

Seine deutschen Schüler waren **Samuel Scheidt** (1587–1654, Halle), **Heinrich Scheidemann** (ca. 1595–1663, Hamburg), **Melchior Schildt** (1592 oder 1593–1667, Kopenhagen, Hannover), **Paul Siefert** (1586–1666, Danzig).

Beispiel 47

Jan Pieterszoon Sweelinck, *Fantasia chromatica* für Orgel oder Klavier

Die Themendurchführung weist deutlich auf die Fuge hin. In dieser Notierung ist die Ausführung manualiter möglich und daher freigestellt.

Außer der strengen Kontrapunktik finden sich im Gesamtwerk Sweelincks kunstvolle Variationen, virtuoses Spielwerk und auch Klangwirkungen durch Echo.

Das Klangideal der norddeutschen Orgelbauer und Organisten geht vom „Spaltklang" aus, der mit charakteristischen Stimmen (z.B. im Pedal) ein über die Kleingliedrigkeit der italienischen Vorbilder hinausgehendes, virtuoses Spiel ermöglicht.

Weitere Organisten – Enkelschüler Sweelincks

Matthias Weckmann (1621–1674) – Dresden, Hamburg
Joh. Adam Reinken (1623–1722) – Hamburg, Nachfolger Scheidemanns
Franz Tunder (1614–1667) – Lübeck
Dietrich Buxtehude (1637– 1707) – Lübeck, Nachfolger Tunders
Nicolaus Bruhns (1665–1697) – Husum, Schüler Buxtehudes
Vincent Lübeck (1656–1740) – Hamburg

Im süddeutschen Raum wird die weiche, mehr grundtönige Intonation bevorzugt. Hier waren **Girolamo Frescobaldi** und sein Schüler **Johann Jakob Froberger** die Vorbilder.

Zu nennen sind **Johann Kaspar v. Kerll** (1627–1693, Rom, Wien); **Georg Muffat** (1653–1704, Passau); **Johann Erasmus Kindermann** (1616–1655, Nürnberg).

Johann Pachelbel (1653–1706) vereinigt in seinen Orgelwerken süddeutsche und mitteldeutsche Tradition (Eisenach, Erfurt, Stuttgart, Nürnberg).

Beispiel 48

Johann Pachelbel, aus dem Choralvorspiel *Ach Herr, mich armen Sünder*

Das Vorspiel verarbeitet die Choralmelodie.

Die mitteldeutsche Orgelmusik, vertreten durch **Samuel Scheidt**, **Johann Krieger** (1652–1735, Zittau), **Johann Kuhnau** (1660–1722, Amtsvorgänger Bachs in Leipzig), **Friedrich Wilhelm Zachow** (1663–1712, Halle) und durch Glieder der Familie Bach, steht zwischen dem norddeutschen und süddeutschen Stil.

Das gewaltige Orgelwerk **Joh. Seb. Bachs** schließt die vorausgegangenen Entwicklungen ab. Die freien Formen sind deutlich an Vorbilder der Norddeutschen Schule angeknüpft. Charakteristisch ist auch die Reduktion auf das Satzpaar *Präludium* und *Fuge*.

II Vom Cembalo bis zum Hammerklavier

In England gehörte es zur Zeit Elisabeths I. (1558–1603) zur guten Erziehung, das **Virginal** zu spielen – ein tragbares, einchöriges Instrument nach Art des Cembalos. Die Musik dieser Zeit wurde in zahlreichen Handschriften überliefert (Beispiel: *Fitzwilliam Virginal Book*, 1570–1603). Sie enthalten neben Übertragungen von Vokalsätzen Präludien, Fantasien, Tänze und Variationsreihen.

Eine Besonderheit sind die „Grounds": Variationen über einem ostinaten Baß, oft mit programmatischen Überschriften, z.B. die *Variationen über das Glockengeläute* von **William Byrd** (1543–1623).

Beispiel 49

John Bull (1563–1628), *The Spanish Pavan* **für das Virginal**

1. Var.

2. Var.

3. Var.

Das Beispiel zeigt vom Thema und von den ersten drei Variationen jeweils die Anfänge. – Die Melodie wird bis zur 6. Variation in immer kleinere Notenwerte aufgelöst. Erst die 7. (letzte) Variation besteht in einer harmonisch und melodisch freieren Veränderung der Vorlage.

In Frankreich übernimmt der Hofclavinist Ludwig XIV., **Jacques Champion de Chambonnières** (um 1602– um 1671) die Suite. Sie wird fortan als bunte, vielsätzige Folge fester Bestandteil der nationalen Clavecinmusik des 17. und 18. Jahrhunderts.

Louis Couperin (1626–1661) war Schüler von de Chambonnières. Sein Neffe, **François Couperin** (1668–1733) fand die wichtige Verbindung zur italienisch inspirierten Sonatenkunst. Dieser Stil schließlich wird von **Jean-Philippe Rameau** (1683–1764) übernommen (vgl. S. 55).

François Couperin, aus *Pièces de Clavecin*, 1. Livre, *La fleuri ou La tendre Nanette* (Paris 1713)

Auffällig sind die zahlreichen Verzierungen. Zur Zeit Couperins wurden die beiden in unserem Beispiel vorkommenden Arten folgendermaßen ausgeführt:

Ebenfalls vollständig von der Orgel gelöst sind die Kompositionen von **Domenico Scarlatti** (1685–1750, Sohn des **Alessandro Scarlatti**, vgl. S. 67). Seine meist einsätzigen Sonaten, die auch *Essercizi* (Studien) genannt werden, sind wichtige Vorstufen zur Sonatenhauptsatzform.

Scarlatti hat wesentlich zur Entwicklung der neueren Techniken des Klavierspiels beigetragen. Er verlangt z. B. das Überschlagen der Hände, weite Sprünge, schnelle Repetitionen, Triller, Terzen–, Sexten– und Oktavpassagen.

Beispiel 51

Domenico Scarlatti, Klavierstück (um 1700)

In Deutschland kann die Eigenständigkeit der Klaviermusik mit **Johann Jakob Froberger** verbunden werden (vgl. S. 96). Er reduziert um 1650 die Vielzahl der Sätze in der französischen Suite wieder auf die Grund-Satzfolge *Allemande–Courante–Sarabande–Gigue* (vgl. S. 77). Der französische Einfluß ist zunächst auch in den Cembalo-Suiten von **Johann Caspar Ferdinand Fischer** (um 1670–1746) spürbar. Später verarbeitete er italienische und deutsche Stilmerkmale. 1702 schrieb er unter dem Titel *Ariadne musica* Präludien und Fugen durch 20 verschiedene Tonarten in der aufkommenden „temperierten Stimmung" – 20 Jahre vor Bachs *Wohltemperiertem Klavier I* [10].

---

[10] Bei der „temperierten Stimmung" sind die Halbtonstufen gegenüber der natur-reinen Stimmung angeglichen. Vorteil: Spiel in allen Tonarten möglich; unser Ohr toleriert die geringen Unterschiede (Werckmeister 1691).

Joh. Jakob Froberger, Suite für Clavichord

Allemande

Courante

Sarabande

Gigue

Die Satzanfänge lassen erkennen, daß zwar die Charakteristik der ursprünglichen Tänze erhalten geblieben ist, der kunstvolle Satz jedoch darüber hinausweist. Wichtig ist auch die Vorschrift „für Clavichord".

Die Klavierwerke von **G. Ph. Telemann** in ihrer leichten, flüssigen Spielart sind eher dem heraufziehenden „Galanten Stil" zuzuordnen. Der Beitrag **Händels** beschränkt sich auf vergleichsweise wenige, aber wichtige Veröffentlichungen. Dabei überwiegt als Kompositionsprinzip die Reihungsform (Suite). **Joh. Seb. Bach** stellt in manchen Vorbemerkungen in seinem umfangreichen Schaffen für Klavier den Anspruch heraus, die Werke *zum Nutzen und Gebrauch der Lehrbegierigen Musicalischen Jugend* vorzulegen.

Beispiel 53

G. Fr. Händel, *Prélude* zur Suite f-Moll, HWV 433 (London 1720)

Das Beispiel zeigt auf engem Raum die polyphone Satzkunst mit ihrer musikalischen Folgerichtigkeit. Es ist einem Hauptwerk, den *Suites de Pièces pour le Clavecin* von 1720, bekannt als die „Acht Großen Suiten", entnommen.

III Ergänzungen (Instrumentenkunde)

Beim **Cembalo** entsteht der Ton durch Anreißen der Saiten, die in mehreren Bezügen (Chören) über einen Resonanzkörper gespannt sind. Diese Chöre können mechanisch zu- und abgeschaltet werden, so daß sich eine stufenweise veränderte Klangstärke ergibt (Register).

Die Bezeichnung „8 Fuß" (8') besagt, daß bei diesem Register Klang und Notierung übereinstimmen; 4' klingt eine Oktave höher, 16' eine Oktave tiefer. Der „Lautenzug" bewirkt eine Klangveränderung – ähnlich dem Klang der Laute. Das wird durch Andrücken kleiner Dämpfer erreicht.

Beim **Clavichord** (clavis, lat. Schlüssel, Taste; chorda = Darm, Saite) werden die Saiten durch Tangenten unmittelbar angedrückt. Dadurch ist ein sensibles, individuelles Spiel möglich. Der Klang ist allerdings sehr zart.

Das **Hammerklavier** wurde bereits 1709 von dem Florentiner **Bartolomeo Christofori** erfunden, doch dauerte es noch Jahrzehnte, bis es sich gegenüber dem Cembalo und dem Clavichord durchsetzte. Der Grund ist in dem Mißverhältnis zwischen dem relativ kräftigen Anschlag und den nach wie vor schwachen Saitenbezügen zu erkennen; das Klangergebnis war zunächst wenig befriedigend.

Zusammen mit den Tasteninstrumenten dieser Zeit muß auch die **Laute** genannt werden. Für das Übertragen von vokaler oder auch instrumentaler Musik auf dieses Instrument mußten wegen der besonderen Spieltechnik meist Bearbeitungen vorgenommen werden. Das erklärt die große Zahl der Lautentabulaturen. Zudem war die Laute im 16. Jahrhundert und in der ersten Hälfte des 17. Jahrhunderts das beliebteste Hausinstrument. Im Orchester des 17. Jahrhunderts hatten **Theorben** und **Chitarronen** als Generalbaß-Instrumente ihren festen Platz.

Die italienisch-spanische Lautentabulatur des 16. Jahrhunderts bildete das Griffbrett des Instruments ab, auf dem dann die zu greifenden Bünde bezeichnet wurden. Auch bei der französischen Schreibweise sind auf Linien bestimmte Zeichen gesetzt, während die deutsche Tabulatur aus einer Kombination von Zahlen (für die Saiten) und Buchstaben (für die Griffstellen/Bünde) besteht. Der zeitliche Ablauf wurde durch entsprechende Zeichen aus der Mensuralnotation festgelegt.

Beispiel 54

Lautentabulatur von Hans Gerle (um 1500–1570)

Aus: *Bildatlas der Musikgeschichte.* Deutsche Ausgabe von Hans Schnoor, S. 78.
© Gütersloher Verlagshaus Gerd Mohn, Gütersloh 1963

Hans Gerle war ein hochberühmter Lautenspieler und Instrumentenbauer in Nürnberg. – Das Beispiel zeigt die deutsche Notierungsweise.

Übungen

- Versuchen Sie, Beispiele aus der Literatur aus möglichst weit zurückliegender Zeit bis etwa zur Mitte des 19. Jahrhunderts einem bestimmten Tasteninstrument zuzuordnen (begründen).
- Beschäftigen Sie sich mit der Ausführung von Verzierungen.
- Gehen Sie dem Unterschied zwischen der naturreinen und der temperierten Stimmung nach.

- Verfolgen Sie das Aufkommen der sog. Alberti-Bässe (Baßfiguren, die durch das Nacheinanderspielen von Akkordbestandteilen entstehen; **Domenico Alberti**, † um 1740 in Rom).

Fortsetzungen (Teil II):
Die Orgel im 19. und 20. Jahrhundert
Soloinstrument Klavier

13 Das Lied der Generalbaßzeit

Die akkordgestützte Melodie, herausgelöst aus der Polyphonie mit ihren Zugzwängen, eröffnet neue Ausdrucksmöglichkeiten. Das bezieht sich besonders auch auf das Wort-Ton-Verhältnis – ein Zusammenhang, der für die Humanisten von großer Bedeutung war. Das Sololied ist eines der Ergebnisse dieser neuartigen Gestaltungsweise. Bei der Verarbeitung des Textes wandelte sich allerdings nach und nach der instrumentale Anteil von der einfachen Stützfunktion zur mitgestaltenden Begleitung.

Der Gedanke, der Singstimme in der Monodie die Führung zu überlassen und die akkordisch geführte Begleitung auf stützende Funktionen zu beschränken, hat besonders in der italienischen *Aria* Ausprägungen gefunden, die sogleich aufgegriffen und vielfältig verarbeitet wurden, während die französische Vokalmusik mit der *Air de cour* zu eigenen Gestaltungsformen kam, indem sie zwar einfache Akkordstrukturen bevorzugte, diese jedoch durch Übertragungen von mehrstimmigen *Chansons* auf eine von der Laute begleitete Singstimme gewann. In England dagegen lassen sich in den Liedern **John Dowlands** (1563–1623) und seines Sohnes **Robert** (1591–1641) italienische monodische Einflüsse nachweisen.

Obgleich die aus Italien kommende Generalbaß-Musizierweise in Deutschland durchaus Eingang fand, kam es hier nicht zu einer einheitlichen Entwicklung des Sololiedes. Eine erste Übersicht orientiert sich bezeichnenderweise an Dichtern. So entstanden z. B. Kreise um den Königsberger **Simon Dach** und den Hamburger **Johann Rist**. Die Themen umfassen alle bürgerlichen Lebensgebiete, gehen aber mit gedanklichen

Vorstellungen häufig darüber hinaus. Auch in Sachsen und Thüringen entfaltete sich ein reges Schaffen (Beispiel: *Weltliche Oden*, komponiert von **Andreas Hammerschmidt**, 1642).

Die Bezeichnung *Ode* ist griechischen Ursprungs. Im erweiterten Sinn ist darunter eine für die Verbindung mit Gesang bestimmte Dichtung zu verstehen. Die in der Zeit des Humanismus neu erweckte Bedeutung wird im 17. Jahrhundert übernommen, ohne eine bestimmte Form zu kennzeichnen.

Beispiel 55

Heinrich Albert (1604–1651)
Freundschaft, **aus den** *Arien* **(Königsberg 1640)**

1. Der Mensch hat nichts so ei - gen, so wohl steht
2. Die Red' ist uns ge - ge - ben, da - mit wir

1. ihm nichts an, als daß er Treu er - wei - sen
2. nicht al - lein für uns nur sol - len le - ben

(S. Dach)

Der auffällige Taktwechsel (5/4–6/4–4/4) ergibt sich aus dem Bemühen, den Textsilben das angemessene Gewicht zu geben. Die Begleitung ist schlicht, auch die Harmoniefolge beschränkt sich auf naheliegende Verbindungen.

Beispiel 56

Johann Krieger (1651–1735), *Die Losung ist: Geld* **aus** *Neue musikalische Ergötzlichkeiten* **II (Frankfurt/M. 1684)**

Singstimme und Begleitung wechseln sich ab. Auch die Übernahme der Sechzehntelfigur vom Anfang durch die Begleitstimme deutet auf größere Bewegungsfreiheit hin. Es entwickelt sich jedoch keine wirkliche Selbständigkeit.

Während die Leipziger Liederschule, zu der auch **Georg Philipp Telemann** mit seinen *24 Oden* (1741) und den *Sing-, Spiel- und General-*

108

baßübungen (1733) gerechnet werden kann, das Gesellikeitslied pflegt, bemüht sich die Erste Berliner Singschule um Volkstümlichkeit. Der Herausgeber der Sammlung *Oden und Melodien* 1753/55, **Christian Gottfried Krause**, verlangt, daß der Komponist vom Singen auszugehen habe und die Klavierbegleitung erst später beifügen soll. Die hier zu nennenden Lieder von **Carl Philipp Emanuel Bach** (1717–1788) weisen allerdings, nicht zuletzt wegen des sorgfältig ausgeführten Klaviersatzes, über die Werke der Zeitgenossen hinaus.

Beispiel 57

Georg Phil. Telemann, *Die vergesserne Phyllis* **(Hamburg 1733)**

Man fra - ge Phil - lis einst, war - um sie sich nicht wäscht;
War - um der Schlüs - sel stets auf al - len Schrän - ken steckt;

war - um ihr Kleid ge - brannt und sie es nicht ge - lescht; warum sie
war - um die Magd noch nicht um neun Uhr auf - ge - weckt; warum ihr

Der Baß bildet zusammen mit der Singstimme einen synchron verlaufenden zweistimmigen Satz, dem die Akkordtöne als Mittelstimmen hinzugefügt sind.

Deutsche Komponisten

Christian Dedekind (1628–1715) – Dresden
Adam Krieger (1634–1666) – Dresden, Schüler Scheidts
Valentin Rathgeber (1682–1750) – Sammlung *Augsburger Tafelkonfekt* 1733–1746
Johann Valentin Görner (1702–1762) – Hamburg

Die Generalbaß-Lieder verloren nach etwa 1750 ihre Bedeutung. Sie haben viel vorbereitet von dem, was wir heute mit dem Begriff Sololied verbinden. Es fehlte auch noch das Instrument für die mitgestaltende Partnerschaft: das fertig entwickelte Klavier.

Das **deutsche Singspiellied** dagegen hat den volkstümlichen Stücken in Opern Mozarts bis Lortzings oder in Oratorien Haydns unmittelbar den Weg bereitet. Besonders die Lieder von **Joh. Adam Hiller** (1728–1804) gelangten zu großer Beliebtheit. Seine Nachfolger waren **Christian Gottlob Neefe** (1748–1798; Lehrer Beethovens) und **Johann André** (1741–1799).

Übungen

- Decken Sie in Generalbaß-Liedern die ausgesetzten Akkorde im Diskant ab und versuchen Sie, die Harmonien nur nach dem bezifferten Baß zu spielen; mit einiger Übung: legen Sie die Melodie in die obere Stimme.
- Untersuchen Sie, inwieweit die Liedgestaltung bei den noch geringen Bewegungsmöglichkeiten auf den Text eingeht.
- Es sind mehrere „Schulen" angeführt, auch das deutsche Singspiellied wurde genannt – vertiefen Sie die Angaben durch weitergehende Studien.

Fortsetzungen (Teil II):
Gattung Sololied
Oper im Wandel

14 Geistliches Konzert und Kantate

Was zur uneinheitlichen Verwendung des Begriffs Konzert/*Concerto* im Zusammenhang mit der Entfaltung des instrumentalen Musizierens gesagt wurde, gilt auch für den Bereich der Vokalmusik. Das wird verständlich, wenn wir die zeitlichen Überschneidungen der Stile in Betracht ziehen – etwa die venezianische Mehrchörigkeit (**A.** und **G. Gabrieli**) oder die hochbedeutenden *Cento concerti ecclesiastici* (1602) von **Lodovico Viadana** (um 1560–1627), der für die weitere Entwicklung (Generalbaß, Motette, Concerto in Italien und geistliches Konzert im katholischen und evangelischen Deutschland) wichtige Impulse gab. Auch die besonders seit der Camerata Fiorentina („Florentiner Camerata",) in den Werken von **G. Caccini** und **Cl. Monteverdi** von großem musikalischen Ausdruck getragene Monodie muß hier noch einmal erwähnt werden. Hinzu kommt, daß ältere Stile und früher verwendete Gattungsbezeichnungen keineswegs sogleich außer Gebrauch waren.

In Deutschland ist der Terminus **Geistliches Konzert** zwar gesichert und durch hervorragende Werke von **Schütz**, **Schein** und vielen anderen belegt, doch zeigen sich auch hier unterschiedliche Ansätze bei der Übernahme italienischer Vorbilder. Bei den protestantischen Komponisten fällt das vielfache Einbeziehen von Choralmelodien besonders auf.

Die Entwicklung der **Kantate** nahm ebenfalls in Italien ihren Anfang. Sie löste das Madrigal ab (vgl. S. 49) und war zunächst deutlich mit dem monodischen Gesangsstil verbunden (**Alessandro Grandi**, 1577–1630, *Cantade ed Arie*, 1620; erste Verwendung der Gattungsbezeichnung – *Cantade* = durchkomponiert, *Arie* = strophisch). Die Kantate wurde schnell zur Gesellschaftskunst. Dabei kam es nach den nur von Singstimme und Generalbaß auszuführenden Werken des römischen Komponisten **Giacomo Carissimi** (1605–1674) zu einer immer reicheren Instrumentierung. Vorbilder für diese Gattung, die dem im Barock sehr geschätzten Sologesang eine Darstellungsform bot, waren auch die solistischen Gesangsdarbietungen in der italienischen Oper (Rezitativ/Arie und Dacapo-Arie). Sie führten aus dem kleineren Rahmen hinaus und gipfelten schließlich in den groß besetzten geistlichen und weltlichen Werken.

**Heinrich Schütz, aus den *Kleinen geistlichen Konzerten*
(Dresden 1639)**

daß du al- so ver - ur- teilt wa - rest? ___   Was hast du be -

Die wenigen Takte lassen bereits die Intensität dieser Musik erkennen. Die Melodieführung wiederholt die Frage *Was hast du verwirket*, sequenziert und auf der Dominante verbleibend. Sie kommt bei *holdseligster* zu einem ersten Höhepunkt. Die Baßlinie beginnt ruhig, gerät aber schon bei der Wiederholung der ersten Textzeile in Bewegung und stützt die Singstimme ab T. 4 in bedeutsamer Chromatik. Der zeitliche Ablauf folgt dem Text auch im Detail (*wirket* mit Sechzehnteln, *holdseligster* mit der Verlängerung über den Schwerpunkt hinaus) und läßt sich nicht von einem Taktschematismus festlegen (Taktwechsel).

Das steigende Bedürfnis, Betrachtungen zum Bibelwort mit Musik zu verbinden, führte zu einer Ausweitung der Formen. Die so entstehende **Kirchenkantate** erhielt im Gottesdienst ihren festen Platz (vor der Predigt, bzw. bei größeren Werken die Predigt umrahmend).

An der Entwicklung waren viele Komponisten beteiligt, im Norden **Georg Böhm**, **Matthias Weckmann**, **Thomas Selle**, **Franz Tunder** und **Dietrich Buxtehude**, im sächsisch-thüringischen Raum die Thomaskantoren **Knüpfer**, **Schelle** und **Kuhnau**, sowie **Joh. Georg Ahle** und **Friedrich Wilhelm Zachow** und im Süden **Joh. Erasmus Kindermann, Joh. Philipp Krieger** und **Johann Krieger**.

Der Ablehnung vieler Geistlicher gegen die opernhaften Züge setzten Textdichter wie der Hamburger Pfarrer **Erdmann Neumeister** (1671–1756) und **Christian Friedrich Henrici** (Pseudonym Picander, 1700–1764 – seine Texte wurde u.a. auch von Bach verarbeitet) erfolgreich freie Dichtungen aus orthodox-lutherischem Geist entgegen.

Diese Werkgattung gipfelt in den über 200 erhaltenen Kantaten **Johann Sebastian Bachs**. Als Hauptformen werden unterschieden

– die **Choralkantate**, bei der das Kirchenlied im Mittelpunkt steht und mit seinen Strophen den Hauptanteil des Textes stellt (wenn nicht auf andere Texte ganz verzichtet wird),

– **die Kantate in freier lyrischer Dichtung**, mit einem vom Bibelwort angeregten Text und vielfältiger Aufgabenverteilung (Solisten, Chor).

Die Zahl der Kirchenkantaten war außerordentlich groß. Erst in der Zeit der Aufklärung sank ihre Bedeutung. So sind die meist handschriftlich erstellten Werke größtenteils verloren.

Auch die nach Art der Ausführung ähnliche **weltliche Kantate** ist im deutschen Sprachraum von Anfang an belegt. Im europäischen Rahmen ist sie sogar gegenüber der geistlichen Kantate der Hauptträger dieser Gattung.

Die musikalische Grundform (mehr oder weniger freie Reihungsform) ist erhalten geblieben und wird bis zur Gegenwart immer wieder aufgegriffen. Dabei ist eine klare Unterscheidung vom Oratorium oft nicht möglich.

Übungen

Hier ist das Angebot von Literatur außerordentlich groß, obgleich die Nachdrucke ganz sicher nur einen Teil der ursprünglich vorhandenen Werke darstellen – versuchen Sie, die vielfältigen Formen und Entwicklungsstufen nach Regionen und zeitlichen Begrenzungen zu ordnen. So könnte z.B. das Erforschen der Kantatenkomposition in einem bestimmten Land, zu einer bestimmten Komponistengruppe usw. eine schöne Aufgabe sein. Wenden Sie sich auch den Texten zu; sie können interessante Einblicke in die allgemeine gesellschaftliche Einstellung vermitteln.

Fortsetzungen (Teil II):
Die neuere Kantate
Das Oratorium nach Händel

Anhang

Biographien

Vorbemerkungen

Am Schluß von *Musikgeschichte compact I* stehen fünf ausgewählte „Biographien". Sie sind jeweils dreiteilig: dem knappen Zusammenfassen der allgemeinen Daten folgt eine Einordnung des künstlerischen Werkes, der sich eine Auflistung wichtiger Stationen anschließt. Das Verbinden dieser Informationen ermöglicht ein deutliches Bild, das noch ergänzt wird durch die dem Personenregister vorgreifenden Hinweise auf die vorausgegangenen Erwähnungen.

1 Heinrich Schütz

geb. 14.10.1585 Köstritz bei Gera, gest. 6.11.1672 Dresden – erster Musikunterricht durch den Stadtkantor Georg Weber in Weißenfels – fiel auf als begabter Diskantist; Landgraf Moritz von Hessen übernahm den jungen Schütz in seine Kasseler Hofkapelle – umfassende humanistische Bildung im Collegium Mauritianum, einer Gründung des Landgrafen – Musikunterricht in der lutherischen Tradition – Jurastudium in Marburg – einjähriger Studienaufenthalt in Venedig (Gabrieli, Stipendium des Landgrafen) wurde verlängert – der sächsische Kurfürst Johann Georg I. und der Landgraf bemühten sich um Sch., der schließlich in Dresden blieb – zweite Reise nach Venedig (Monteverdi) – während des 30jährigen Krieges mehrfach Aufenthalt am Königshof in Kopenhagen – letzte Jahre in Dresden.

Das Werk von Heinrich Schütz hat seinen Schwerpunkt in der geistlichen Vokalmusik. Was er bei seinen Besuchen in Venedig an neuen Gedanken aufnahm, übertrug er auf die Möglichkeiten der deutschen Sprache. Als hochgeehrter Musiker beförderte er mit der Verbindung von Affekt und Sinngehalt der Sprache entscheidend den weiteren Verlauf der Entwicklung deutscher Musik.

Stationen

1599	– Eintritt in die Hofkapelle in Kassel
1609 bis 1613	– erster Aufenthalt in Venedig, intensives Studium der italienischen Musik
1617	– Hofkapellmeister in Dresden, fruchtbare Kompositionstätigkeit (Beispiele: op.3 *Auferstehungshistorie* 1623, 0p.4 *Cantiones sacrae* 1625)
1619 bis 1625	– verheiratet mit Magdalena Wildeck – auch die beiden Töchter aus dieser Ehe starben früh, so daß Sch. später immer mehr vereinsamte
1628 bis 1629	– zweiter Aufenthalt in Venedig (Monteverdi) – Teil I der *Symphoniae sacrae*

zwischen 1633 und 1644 –	mehrfach in Kopenhagen, zwischendurch Aufenthalte in Hamburg, Wolfenbüttel, Hannover, Celle, Weimar, Zeitz; diese Beziehungen förderten das hohe Ansehen, das Sch. genoß
1645 und später –	Petitionen um Besserstellung der Kapellmitglieder in Dresden – wiederholtes Bitten um Pensionierung, die erst 1656 von Johann Georg II. gewährt wird – letzte Werke (Beispiele: *12 Geistliche Gesänge* 1657, *Weihnachtshistorie* 1664, *119. Psalm* 1671)

2 Georg Philipp Telemann

geb. 14.3.1681 Magdeburg, gest. 25.6.1767 Hamburg – besuchte Gymnasien in Magdeburg, Zellerfeld und Hildesheim – gab ein in Leipzig 1701 begonnenes Jurastudium auf, nachdem ihm der Rat die Aufgabe übertragen hatte, im Wechsel mit J. Kuhnau für die Thomaskirche Kantaten zu komponieren – übernahm eine Reihe von unterschiedlichen Aufgaben, bis er 1721 als Musikdirektor und Kantor am Johanneum in den Dienst der Stadt Hamburg trat – europäischer Ruhm endgültig nach einer Reise nach Paris 1737.

Telemanns überaus reiches Schaffen auf vielen Gebieten der Musik führt über den zu seiner Zeit noch eng gezogenen Rahmen der kirchlichen und höfischen Musizierpraxis hinaus. Besonders seine von ihm reorganisierten *Collegia music*a wenden sich an eine bürgerliche Öffentlichkeit, die vielfach erst durch ihn in solchem Umfang mit Musik bekannt gemacht wurde. Um die Mitte des 18. Jahrhunderts war T. für viele Musiker und Theoretiker unbestritten die höchste Autorität (J.S. Bach blieb den meisten Zeitgenossen weitaus weniger bekannt).

Viele Einzelheiten in seiner Musik bereiteten die Klassik vor. Als ein Hauptvertreter des „galanten Stils" geriet T. zu Beginn des 19. Jahrhunderts zunächst in Vergessenheit und wurde höchstens noch als „Vielschreiber" zur Kenntnis genommen. In ihrer über ihre Zeit hinausführenden Sprache wird seine Musik heute wieder hoch geschätzt.

117

Stationen

1702	– öffentliches Musizieren mit einem von T. gegründeten *Collegium musicum* (Leipzig)
1702	– Übernahme der Leitung der Leipziger Oper, eigene Bühnenwerke
1704	– Organist und Musikdirektor an der Neuen Kirche (Leipzig)
1705	– Kapellmeister am Hof zu Sorau/Brandenburg (französische Vorbilder) – Reisen nach Pleß/Oberschlesien (Bekanntschaft mit polnischer Musik)
1708	– Konzertmeister, später Kapelldirektor der Hofkapelle in Eisenach (Kammermusik, weltliche und geistliche Kantaten)
1712	– Musikdirektor und Kapellmeister der Barfüßer- und Katharinenkirche in Frankfurt/Main – ab 1713 öffentliche Konzerte mit dem reorganisierten *Collegium musicum* der Gesellschaft – erstes Oratorium (*Brockes Passion*, 1716) – ehrenvolle Angebote aus Gotha und Weimar
1721	– Diensttritt in Hamburg mit umfangreichen Aufgaben (Musik für die fünf Hauptkirchen und für traditionelle Veranstaltungen, jährlich eine Passionsmusik usw.)
1722 bis 1737	– Leitung der Hamburger Oper
1740	– Abschluß der Publikationen, merkliches Nachlassen der kompositorischen Tätigkeit
nach 1755	– folgen noch die großen letzten Oratorien

3 Johann Sebastian Bach

geb. 21.3.1685 Eisenach, gest. 28.7.1750 Leipzig – kam nach dem frühen Tod der Eltern mit 10 Jahren in das Haus seines älteren Bruders Johann Christoph, der ihm auch den ersten Klavierunterricht gab, nach Ohrdruf – erhielt seiner guten Stimme wegen eine Freistelle in der Prima des Michaelisklosters in Lüneburg – war nach dem bald einsetzenden Stimmbruch Geiger und Organist – fortan autodidaktisches Studium (von Lüneburg aus: J. A. Reinken in Hamburg, französische Kapelle in Celle, in Lüneburg: Georg Böhm) – 1703 Organist in Arnstadt – 1705 Reise nach Lübeck zu D. Buxtehude – mit jeder neuen Stelle (Mühlhausen, Weimar, Köthen, Leipzig) neue Aufgaben im erweiterten Rahmen, der sich nach einiger Zeit jedoch immer wieder als zu eng herausstellte – B. war zweimal verheiratet, mit seiner Base Maria Barbara 1707 bis 1720 und mit Anna Magdalena ab 1721.

Bach konnte bei seinen Zeitgenossen nicht die verdiente allgemeine Anerkennung finden; sie bewunderten sein Spiel und seine unmittelbare Leistung, fanden aber kaum Verständnis für die gewaltige Zusammenfassung der bis dahin geschaffenen Musik in seinen Kompositionen und zogen die leichter zugänglichen Werke der Komponisten neben ihm vor (etwa Händel, Telemann, Vivaldi, Rameau). Bachs Musik ist auch im kleinsten Stück anspruchsvoll und kam dem damaligen Bedürfnis nach gefälligen Musikschöpfungen keineswegs entgegen. Sie galt zu seiner Zeit für viele als rückständig und wurde nur dann angenommen und auch hoch geschätzt, wenn Bach selbst die Ausführung übernahm. Auch seine Söhne machten aus ihrer ganz anderen Einstellung keinen Hehl.

Ein großer Teil seiner Werke ist in Verbindung mit seiner jeweiligen Stellung zu sehen: Kammermusik für die Höfe der Fürsten, denen er diente und Kirchenkantaten im Rahmen seiner Aufgaben als Kantor. Eine weitere umfangreiche Gruppe bilden die pädagogischen Stücke und Zyklen. Daneben stehen die Arbeiten aus freiem Antrieb. Den Abschluß bilden die höchst konzentrierten kontrapunktischen Kompositionen. – Die genaue Zahl der Werke ist nicht mehr festzustellen, so fehlen möglicherweise ganze Jahrgänge von Kantaten.

Der schließlich erlangte Titel eines königlich-kurfürstlichen Hofkapellmeisters (1736) erwies sich als hilfreich bei den zunehmenden Auseinandersetzungen mit Vorgesetzten im alltäglichen Dienst – eine Wendung zu entscheidend verbesserten Verhältnissen gab es nicht.

Stationen

1707	– Organist an der Blasiuskirche in Mühlhausen, erste erhaltene Kirchenkantaten
1708	– Hoforganist und Kammermusiker in Weimar – Erweiterung der musiktheoretischen Kenntnisse (J. G. Walther) – Entstehungszeit der meisten Orgelwerke – bedeutender Ruf als Orgelvirtuose und Orgelsachverständiger – 1714 Hofkonzertmeister mit der Verpflichtung, jeden Monat eine neue Kantate zu schreiben – 1716 Bruch mit dem Herzog
1717	– Hofkapellmeister in Köthen – Kammermusikwerke stehen im Vordergrund – später auch die Klavierzyklen
ab 1723	– Thomaskantor in Leipzig
1730	– Bachs *Kurtzer, jedoch höchstnöthiger Entwurff einer wohlbestallten Kirchen-Music* als Antwort auf den Vorwurf der Vernachlässigung der Dienstpflichten
ab etwa 1740	– Beginn der letzten Phase des Schaffens mit der Sichtung und Zusammenstellung der Werke und mit dem Abschluß begonnener Arbeiten
1747	– Besuch bei König Friedrich II. von Preußen – Beginn des Augenleidens, das schließlich zur Erblindung führt

4 Georg Friedrich Händel

geb. 23.2.1685 Halle/Saale, gest. 14.4.1759 London – der Vater, fürstlich sächsischer und kurfürstlich brandenburgischer Leibchirurg, hatte eine juristische Laufbahn vorgesehen, erkannte aber die musikalische Begabung und ermöglichte ein Musikstudium bei Fr. W. Zachow – begann als Organist, Violinist und Cembalist in Halle und Hamburg – erste Opern in Hamburg – fruchtbare Jahre in

Italien – Hofkapellmeister in Hannover – nach der Übersiedlung des Hofes in London mit wechselnden Aufgaben und Erfolgen, aber mit nie erlahmender Schaffenskraft.

Den Zeitgenossen war der weitgereiste und welterfahrene Händel weit mehr bekannt als der gleichaltrige Thomaskantor J. S. Bach. Wenn sie heute oft gemeinsam als die großen, prägenden Gestalten ihrer Zeit genannt werden, so verlief doch ihr Leben in sehr unterschiedlichen Bahnen, und ihr Werk ist unter ganz verschiedenen Ansätzen zu begreifen.

Händel besaß die Gabe, musikalische Strömungen mit großer Leichtigkeit aufzunehmen und zu sehr persönlichen Zeugnissen zu verarbeiten. Im Mittelpunkt seines kompositorischen Werkes stand die Oper, wie er sie in Italien kennengelernt hatte und wie sie zu seiner Zeit an den europäischen Höfen verlangt wurde. Er übertrug aber die große, monumentale Form auch auf die Oratorien und die anderen geistlichen Werke und fand daneben noch Zeit für Kompositionen für Tasteninstrumente und für Orchester. Besonders bei den letzteren kam ihm ein ausgeprägter Sinn für die Wirkung im jeweiligen Rahmen zustatten.

Mit Bach gemeinsam hat G. F. Händel, daß nach dem Tode die längst schon herangereiften neuen Ideen das Werk zurücktreten ließen – auch in England, das ihn zuvor zu einem nationalen Ereignis erhoben hatte. Die Erinnerung an seine Opern hat nicht zu einer bedeutenden Renaissance geführt, weil die Entwicklung dieser Gattung inzwischen entschieden andere Wege gegangen ist. Seine Oratorien aber sind zusammen mit vielen anderen Werken unverzichtbarer Bestandteil unseres Musiklebens.

Stationen

1701	– Zusammentreffen mit Telemann, Beginn einer lebenslangen Freundschaft
1702	– Immatrikulation an der Universität Halle, Organistenamt im Dom
1703	– Übersiedlung nach Hamburg (Mattheson, R. Keiser) – erste Oper *Almira* 1705, drei weitere Opern verschollen

1706 bis 1710	– Aufenthalt in Italien (Venedig, Rom, Florenz, Neapel)
1710	– Nachfolger Steffanis als Kapellmeister des Kurfürsten von Hannover
1712	– London – endgültiger Aufenthalt in England
1719	– Gründung der Royal Academy of Music mit dem Auftrag, das königliche Theater mit italienischen Opern zu versorgen; Händel brachte bis 1720 vierzehn seiner Opern zur Aufführung – gegen Ende seines Wirkens an dieser Stätte Intrigen und Rivalitäten unter den Sängern (1728)
1728	– J. Ch. Pepuschs und J. Gays erfolgreiche Gegenoper *The Beggar's Opera*, das Vorbild zur *Dreigroschenoper* von Brecht/Weill
1729 bis 1733	– zweite *Royal Academy*, für die Händel sechs Opern komponierte – verschiedene Operntruppen in Konkurrenz
1732	– erstes Oratorium in englischer Sprache (*Esther*)
ab 1734	– Opernaufführungen im Covent Garden Theatre – Orgelkonzerte als Intermezzi bei Oratorienaufführungen (mit Händel als Solisten)

Kurzzeitige Zusammenarbeit mit mehreren Theatern, aber deutliches Hinwenden zum Oratorium (1742 – *Messiah*) |
| 1751 | – Beginn der Erblindung |

5 Carl Philipp Emanuel Bach

geb. 8. 3. 1714 Weimar, gest. 14. 12. 1788 Hamburg – 5. Kind und 3. Sohn von J. S. Bach und seiner ersten Frau Maria Barbara – studierte nach dem Besuch der Lateinschule in Köthen und der Thomasschule in Leipzig Jura in Leipzig und Frankfurt an der Oder – musikalische Ausbildung durch den Vater – Cembalist am Hofe des preußischen Kronprinzen und späteren Königs Friedrichs II. – Musikdirektor in Hamburg als Nachfolger Telemanns.

Die Bezeichnungen „Berliner" oder "Hamburger Bach" deuten die beiden wichtigen Tätigkeitsbereiche C. Ph. E. Bachs an. Gemeinsam mit Johann Christian, dem „Mailänder" oder „Londoner Bach" (geb. 5.9.1735 in Leipzig als jüngster Sohn J. S. Bachs und seiner zweiten Ehefrau Anna Magdalena, gest. 1.1.1782 in London), steht C. Ph. in besonderer Weise zwischen dem Werk des Vaters und der nachfolgenden Klassik. In seinen Kompositionen zeigt sich als Grundhaltung das Bemühen um die subjektive Ausdrucksweise in der Musik. Bezeichnend ist z.B. die seinem theoretischen Werk *Versuch über die wahre Art, das Clavier zu spielen* entnommene Feststellung, daß gutes Klavierspiel die Fähigkeit voraussetze, ... *musikalische Gedanken nach ihrem wahren Inhalte und Affect singend oder spielend dem Gehör empfindlich zu machen.*

Stationen

1738	– Cembalist am Hof des Kronprinzen
ab 1741	– „Kammercembalist" Friedrichs II.
1767	– nach vergeblichem Bemühen um Kantorenstellen in Leipzig (Thomaskirche), Braunschweig und Zittau Musikdirektor an den fünf Hauptkirchen Hamburgs und Kantor am Gymnasium Johanneum

Übung

Erweitern Sie die Biographien-Sammlung, indem Sie nach den vorgegebenen (dreigeteilten) Mustern die Daten anderer Komponisten aus der Zeit bis etwa 1750 zusammenstellen.

Fortsetzung (Teil II) :
Biographien (ab 1750 bis 1950)

Ausblick

Hinweise auf den Inhalt von Teil II
Vom Stilwandel um 1750 bis zur Mitte des 20. Jahrhunderts

Die zweite Hälfte des 18. Jahrhunderts stellt den freien Geist über die Zugzwänge des Materials und über die Zufälligkeiten von Vorgaben – bis hin zum Aufbruch in der Französischen Revolution. Bis dahin gültige Normen werden nach und nach ersetzt durch individuelle Lösungen.

In der Musik geschieht das durch den zunehmend in persönlicher Freiheit gesteuerten Einsatz der Energien dieses Mediums. Dabei stimmen in der **Klassik** Form (= Gestalt des Werkes) und Aussage überein. In der **Romantik** dagegen überwiegen die subjektiven Vorstellungen von einer durch Musik zu transportierenden Kommunikation. So kommt es zu immer eigenwilligerem Verarbeiten des Grundmaterials und zugleich zu einer immer weitergehenden Auflösung der gewachsenen Bindungen der musikalischen Elemente in sich und untereinander.

Teil II von *Musikgeschichte compact* schließt an den ersten Teil unmittelbar an. Auch die Form der Darstellung bleibt im Prinzip gleich, d.h. es wechseln wieder Informationen, Notenbeispiele und Vorschläge zur individuellen Vertiefung des Angebotes ab. Wichtige Satztechniken und Entwicklungen bis zur Gegenwart werden in Exkursen aufbereitet.

Einen wesentlich größeren Raum nehmen naturgemäß die Biographien ein. Die dort zu findenden Angaben sind häufig direkt in den Haupttext einbezogen. Eine Erweiterung sind auch die Literaturangaben am Schluß jedes Abschnitts. Sie sind bei den „Übungen" notiert.

Verzeichnis der Notenbeispiele

Literaturauswahl/Quellenverzeichnis

Alt, Michael: *Das Musikalische Kunstwerk II*, Düsseldorf 1967

Collaer, Paul, u.a.: *Bildatlas der Musikgeschichte*, deutsch: Hans Schnoor, Gütersloh 1963

Hamburg, Otto: *Musikgeschichte in Beispielen*, Wilhelmshaven 1976

Heimrath, Johannes/Korth, Michael: *Oswald von Wolkenstein*, München 1975

Honegger/Massenkeil/Abraham: *Das Große Lexikon der Musik*, 10 Bände, Freiburg i.Br. 1976–83

Kolneder, Walter: *Geschichte der Musik*, Wilhelmshaven 1986

Moser, H. J.: *Lehrbuch der Musikgeschichte*, Berlin 1950

Moser H. J.: *Musiklexikon*, Band I und II, Hamburg 1955

Die Musik in Geschichte und Gegenwart, hg. von Fr. Blume, 17 Bde., Kassel und Basel 1949–1986

Ott, Alfons: *Tausend Jahre Musikleben*, München 1968

Riemann, Hugo: *Musiklexikon. Personen- und Sachteil, Ergänzungsbände*, hg. von Wilibald Gurlitt u. a., Mainz 1959–1975

Schering, Arnold: *Geschichte der Musik in Beispielen*, Leipzig 1954

Wörner, Karl H.: *Geschichte der Musik*, Göttingen 1965

Diese Literatur hat dem Verfasser bei der Texterarbeitung vorgelegen.

Namenregister*

---

* Kursive Zahlen bezeichnen Seiten, auf denen der betreffende Komponist nur mit
  einem Notenbeispiel vertreten ist.

Sachregister